W0298851

Ab heute trag ich Rot

Sylvia Herwig arbeitete 12 Jahre bei einer deutschen Großbank. Zur Kundalini Yogalehrerin ließ sie sich zunächst zur eigenen Stressbewältigung und persönlichen Entwicklung ausbilden. Später folgte die Ausbildung als systemischer Coach, als Mental Coach und systemische Aufstellungsleiterin. Seit 2004 ist sie selbstständig als Coach mit Schwerpunkten auf Persönlichkeitsentwicklung, Visionsfindung, ganzheitlicher Gesundheit und Vitalität tätig. Sylvia Herwig unterstützt ihre Klienten, ihren eigenen Weg zu gehen, ihrer Berufung zu folgen, auf ihr Herz zu hören und ihre Träume zu leben. Das Grundmotiv in ihrer Arbeit ist, Raum für Lebensfreude zu schaffen. Mehr Informationen findest du unter: www.SylviaHerwig.de. Sie lebt mit ihrem Mann, ihren beiden Töchtern und Familien-Hündin Siri in Frankfurt.

Sylvia Herwig

Ab heute trag ich Rot

Aufbruchstimmung spüren und
Kraft für Veränderung wecken

TRIAS

Exkurse

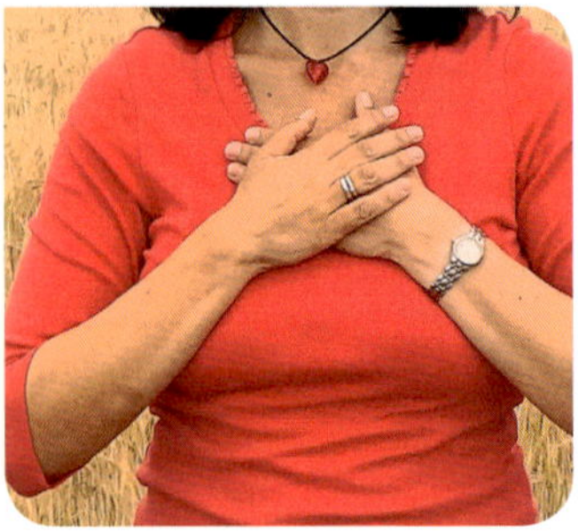

Liebe Leserin, lieber Leser,

wünschst du dir frischen Wind und mehr Lebendigkeit für dein Leben? Vielleicht gibt es eine Sehnsucht in dir, zu neuen Ufern aufzubrechen oder mehr Stimmigkeit und Erfüllung in dein Leben zu bringen.

Ich möchte dich unterstützen, Kraft und Mut für die anstehenden Veränderungen zu mobilisieren. Mit der Farbe Rot wirst du deine Kraftquellen wie Zuversicht, Entschlossenheit, Lebensfreude und Selbstliebe wecken. Ich begleite dich ein Stück, damit du voller Vertrauen aufbrichst und dort ankommst, wohin dein Herz und deine innere Stimme dich führen. Wenn du fühlst, bist du in Kontakt mit dir selbst und deinem Umfeld. Mit einer positiven inneren Haltung und dem Blick für deine wahren Bedürfnisse und das Wesentliche im Leben lässt sich ein wahrhaftiges Leben führen. Die Kraftfarbe Rot unterstützt dich, deine Wünsche, Bedürfnisse, Ziele und Visionen umzusetzen. In diesem Buch bekommst du viele Ideen, wie du dein inneres Feuer immer wieder neu entzünden oder am Brennen halten kannst. Du begegnest dir, deinen Kraftquellen und deiner inneren Führung: Damit dein Leben dich wieder neu verzaubern kann und an Tiefe gewinnt. Aus der inneren Fülle kannst du auch Fülle im Außen erschaffen und andere mit deinem inneren Leuchten anstecken.

Dein Strahlen und deine Freude liegen mir am Herzen. Lass uns gemeinsam starten!

Von Herz zu Herz
Deine Sylvia Herwig

Aufbruchstimmung in mir wecken

Indem ich den Ballast der Vergangenheit hinter mir lasse, fühle ich mich erleichtert und frei, neu aufzubrechen.

Meine magische Reise zu Kraft und Lebensfreude

Du bist die wichtigste Person in deinem Leben. Schenke dir selbst die Aufmerksamkeit und Liebe, damit dein Leben und deine Lebensfreude erblühen können.

Ich möchte dich einladen, dir Zeit für dich und dein Leben zu nehmen. Wertvolle Zeit, um dir selbst tief zu begegnen: deinen Bedürfnissen, deinen Wünschen und deinen Träumen. Auf deiner roten magischen Reise wirst du viel Ballast abwerfen können, um mit leichtem Gepäck zu reisen. Dafür wirst du in Kontakt kommen mit dem, was für dich nicht mehr stimmig ist und dich viel Kraft kostet. Es wird eine Art Selbsterfahrung sein, deine Schwächen und Stärken zu erkennen, deine Ängste und Zweifel in Mut zu verwandeln, dich von deiner Vergangenheit zu befreien und dich mit ihr auszusöhnen.

» Und plötzlich weißt du: Es ist Zeit, etwas Neues zu beginnen und dem Zauber des Anfangs zu vertrauen. « [1]

Meister Eckhart

Das Loslassen setzt neue Energie frei, die Aufbruchstimmung in dir wecken kann. Du verlässt deine Komfortzone und wirst aktiv, indem du deine eigene Schöpferkraft zum Fließen bringst. So näherst du dich schrittweise deinem Lebensglück. Als Symbol hierfür setze einen Schritt bewusst nach vorne und erschaffe ein neues Bewusstseins- und Möglichkeiten-Feld.

Diese rote Reise zu dir selbst beginnt mit einer klaren Entscheidung und motivierten Lust, wirklich etwas zu verändern und die Verantwortung zu tragen. Es liegt in deinen Händen, was du kreieren und aus deinem Leben herausholen möchtest. Ganz deinem inneren Glauben entsprechend erschaffst du deine Außenwelt. Ausbremsende Glaubenssätze oder einengende Muster werden wir umwandeln in ein Mentalprogramm, das dich unterstützt.

Habe Mut, deine Reise zu beginnen! Die Farbe Rot und dein inneres Feuer werden dein starker Motor sein, deine Veränderung schrittweise umzusetzen. Sei zuversichtlich, der Weg ist gut machbar. Es lohnt sich auf jeden Fall, ein authentisches Leben zu führen, das zu dir passt und dir richtig gut steht.

Die Wirkung und Bedeutung der Farbe Rot

Was bedeutet die Farbe Rot für dich? Wie kann sie dich unterstützen und stärken?

In der Farbtherapie wird die vitale Farbe Rot eingesetzt, um gestaute oder gehemmte Lebensenergien zu aktivieren. Sie wirkt wie eine Starthilfe und gibt einen kräftigen Anschub. Rot steht für pure Energie und wirkt wie ein Kraft- und Seelenfutter für den Lebensmotor. Aber Vorsicht: Zu viel Rot kann aggressiv oder streitsüchtig machen.

Die Energie der Farbe Rot vermittelt uns einen starken Willen, Entschlossenheit und Durchhaltevermögen – sie mobilisiert unsere innere Stärke. Ein dunkles Rot symbolisiert Lebenskraft, Liebe, Begierde und Leidenschaft. Helles Rot steht für menschliche Wärme, Zuneigung und Herzlichkeit. Rot ist auch die Farbe des Planeten Mars und steht damit für Feuer, Leidenschaft und Lebendigkeit.

In China ist Rot die Farbe für Glück und Reichtum. In der Traditionellen Chinesischen Medizin (TCM) spielen die 5 Elemente Erde, Feuer, Wasser, Metall und Holz eine wichtige Rolle. Die Farbe Rot wird dem Element Feuer zugeordnet: Die hier entsprechende Emotion ist Freude und das Organ ist das Herz.

Rot als Chakra-Farbe: In der indischen Chakren-Lehre wird die Farbe Rot dem Wurzel-Chakra zugeordnet, welches sich am unteren Ende des Rückgrates befindet. Die Aufgabe des Wurzel-Chakras ist es, den Willen zu festigen und zu motivieren. Es steht für die Selbstwahrnehmung, das (Selbst-)Vertrauen, für den persönlichen Erfolg und für die Fähigkeit, sich in sich und mit sich selbst zu Hause zu fühlen.

Übung: Mein Leben klopft an meine Tür

Ich möchte eine kleine Reinspür-Übung mit dir machen, die dir zeigt, wie es gerade um dich steht. Sie ist eine Momentaufnahme und damit jederzeit veränderbar. Diese Übung kann dir einen Wink geben, wie du dich fühlst und was aufgedeckt und erkannt werden will. Ich möchte dich einladen, anzuerkennen und wahrzunehmen, was gerade in dir vorgeht. Gehe dann mit dem weiter, was dir aus der gewonnenen Erkenntnis wichtig ist.

Finde eine für dich entspannte Sitzposition, um deine Aufmerksamkeit nach innen zu lenken. Schenke dir selbst ein paar tiefe Atemzüge, um in dir anzukommen und ganz im Hier und Jetzt zu sein. Gleichzeitig fühlst du dich präsent und mit deinem Körper verbunden. Vielleicht möchtest du dies intensivieren, indem du in deine Füße, Waden, Knie, Oberschenkel und deinen Beckenraum hineinspürst. Deine Aufmerksamkeit wandert die Wirbelsäule hoch und du nimmst deine Arme und deine Herzregion wahr. Du wanderst den Nacken und Kopf hoch und spürst den Punkt auf der Mitte deines Scheitels und fühlst dich mit einer größeren Kraft verbunden und verschmolzen. Deine Entwicklung darf sich in einer größeren Dimension vollziehen, frei von Begrenzungen durch alte Denkmuster.

Stelle dir vor, dein Leben würde bei dir an der Tür klingeln. Neugierig öffnest du die Tür. Was siehst du? Was kannst du wahrnehmen? Versuche das ganze Bild zu erfassen, mit allen Botschaften für dich.

- Welche Farbe hat dein Leben?
- Welche Stimmung schwingt mit?
- Welche Melodie hörst du?
- Wie ist der Energielevel?
- Wie fühlt sich dein Leben an? Entspannt, gelassen, ausgeruht oder eher abgehetzt, mit viel Druck im Nacken, fremdbestimmt? Finde passende Worte, die der momentanen Situation entsprechen.
- Lass dich vom Leben beschenken. Dein Leben hat eine wichtige Botschaft für dich. Vielleicht siehst du ein Symbol, ein Wort oder hörst eine für dich wichtige Nachricht.
- Halte die Botschaft fest: ______________
  ____

Magie und Veränderung in mein Leben bringen

Vielleicht möchtest du ein Signal setzen und nach außen klar demonstrieren: Ab heute gebe ich meinem Leben eine neue Richtung! Du könntest erst einmal mit deiner Kleidung Akzente setzen. Später zeigst du dich mit einer neuen Präsenz und Klarheit: Lass dich auf die hier im Buch vorgeschlagenen Übungen zur Aktivierung deiner eigenen Kraftquellen ein, dann können sie dein wahres Potenzial wecken. Die Magie der Farbe Rot beginnt sich dann zu entfalten: Du zeigst dich deinem Umfeld mit deiner ganzen Kraft: Hier bin ich!

Ich unterstütze dich bei deinem Veränderungsprozess. Es kann auch mal Stillstand, Frust oder Rückschläge geben. Ich bin für dich da und möchte dir Mut zusprechen, dann einfach wieder aufzustehen und weiterzumachen. Es kommt auf deine Ausdauer und Beharrlichkeit an. Es freut mich, wenn die vielfältige Auswahl an Übungen dir Raum und Möglichkeiten gibt, zu wählen und deinen eigenen individuellen Weg zu finden. Ein mögliches Ziel ist, dass du aus dem Herzen heraus handelst und lebst: Dein Herzensfeuer und deine Lebensfreude werden zu den treibenden Kräften in deinem Leben. Du genießt das Gefühl, wieder für dein Leben zu brennen.

Wie du dich zeigst

Ich lade dich ein, mit der Farbe Rot in Kleidung und Accessoires zu experimentieren. Mit der Farbe Rot bekommst du Aufmerksamkeit und ziehst magisch Blicke auf dich. Du setzt ein Signal nach außen, du möchtest dich zeigen und auch gesehen werden. Mit Rot assoziiert man mehr Selbstbewusstsein und Lebendigkeit. Es ist ein erster Schritt zu mehr Mut.

Genießt du es, im Mittelpunkt zu stehen? Bist du da ganz in deinem Element? Wenn nicht, lasse dir Zeit, mit kleinen roten Noten in der Kleidung oder in den Accessoires zu beginnen. Vielleicht wirst du auch feststellen, dass du an manchen Tagen richtig Lust hast, Rot anzuziehen, und an manchen Tagen ist dir gar nicht danach zumute und du möchtest partout nicht auffallen. Dies könnten die Tage sein, die dir zeigen, was unstimmig in deinem Leben ist und dich unzufrieden oder bedrückt sein lässt.

Dein Herzensfeuer

Wahrzunehmen, wie du dich fühlst, welche Empfindungen da sind und was dein inneres Erleben an versteckten Botschaften für dich bereithält, führt dich zu einem liebevollen und ehrlichen Umgang mit dir selbst. Aus dem tieferen Verstehen und Erkennen können schrittweise Verhaltensänderungen erfolgen, die dich mutiger und zufriedener werden lassen. Damit du Lust auf Rot bekommst!

Laut verschiedenen Studien lässt Rot sowohl Frauen als auch Männer attraktiver und anziehender erscheinen. Ihnen werden mehr Sinnlichkeit, Leidenschaft und Dynamik zugesprochen. Deine Außenwirkung lässt sich also mit der Farbe Rot unterstreichen. Diese Wirkung wird in der Kombination mit Schwarz noch intensiviert, mit Weiß dagegen gemildert, da das Auge aus den beiden Farben rosa mischt, das Sanftheit ausdrückt.

Rot kann dich auf jeden Fall unterstützen, wenn du stärker werden willst. Rot ist die wärmste Farbe und kann dich von innen stärken. Sie weckt Assoziationen von Feuer und Hitze und steht für ein unerschöpfliches Kraftpotenzial. Wenn du dich mit deinem inneren Feuer verbindest, mobilisierst du dein Energiepotenzial, um Veränderungen anzupacken.

Der Aspekt »Liebe und Passion« der Farbe Rot kann dir ein ganz neues Lebensgefühl eröffnen. Sie schenkt dir eine Intensität in deinem Gefühlsleben und zeigt dir, wofür du wirklich brennst und wofür du bereit wärst, durch das Feuer zu gehen. Du fühlst dich lebendiger, wenn du ganz im Herzensfeuer bist.

Finde heraus, was dein Feuer mindert

- Wer oder was nimmt dir Energie weg?
- Was stimmt dich traurig oder frustriert?
- In welchen Bereichen kannst du dich nicht entfalten, wie du es dir wünschst?
- Wer oder was bremst dich aus?
- Wo bremst du dich selbst aus?
- Wo spürst du Hindernisse in deinem Leben?
- Was braucht deine Veränderung?
- Wo drückt der Schuh am meisten?

Notiere deine Einsichten, sie sind die ersten Veränderungsimpulse.

Übung: Mein Lebensrad – Veränderungswünsche sehen

Wie steht es um deine Zufriedenheit in deinem aktuellen Leben?

- Das Lebensrad symbolisiert wichtige Bereiche deines Lebens: Familie, Partnerschaft, Freunde/Beziehungen, Gesundheit, Spiritualität, Kreativität usw. Du kannst die Bereiche/Werte auch selbst festlegen. Wähle, was dir wichtig ist und deinen momentanen Fokus und deine Achtsamkeit braucht.

- Beantworte spontan aus dem Bauch heraus – ohne lange zu überlegen –, wie zufrieden du momentan in den jeweiligen Bereichen bist. Gib jedem Bereich eine Punktzahl auf einer Skala von 0 (sehr unzufrieden) bis 10 (sehr zufrieden), die den Wert deiner Zufriedenheit/deines Glücks repräsentiert. Der Nullpunkt befindet sich in der Mitte, du kannst das Tortenstück ausschraffieren.

- Wie groß sind die Anteile der einzelnen Bereiche? Nimm das Bild ohne Bewertung an, lass es auf dich wirken. Halte deine Erkenntnis darüber schriftlich fest. Dies kann ein wichtiger Anschub für Veränderungen sein.

Mental-Coaching für Selbsterkenntnis

Mental-Coaching aktiviert deine inneren Kraftquellen und führt dich auf kreative Weise zu einer positiven Lebensgestaltung. Dein Potenzial entfaltet sich spielerisch ...

Beim Selbstcoaching entwickelst du die Fähigkeit zur Selbstbetrachtung und Kontemplation aus der Position des neutralen Beobachters. Du erlangst einen erweiterten Blickwinkel auf dich selbst, wirst dir der eigenen Gedankenketten, Gefühlstrigger und Gefühlsspiralen und der daraus resultierenden Handlungen bewusst.
Du besinnst dich auf dich selbst zurück, hinterfragst, was dir wirklich wichtig ist, rufst dir deine innersten Werte und wahren Ziele ins Gedächtnis. In Verbindung mit deiner Intuition ermöglicht dir diese Herangehensweise, eine Situation aus einem anderen Blickwinkel zu bewerten und eine neue Entscheidung zu treffen, die im Einklang mit deinem Selbst und allen Beteiligten steht.

Die Werkzeuge des Selbstcoachings In diesem Buch erhältst du eine Möglichkeit, deine mentale Landkarte zu verstehen und unliebsame Gewohnheiten, Überzeugungen und Verhaltensweisen schrittweise zu verändern. Imaginations- und Visualisierungstechniken helfen dir dabei, neue Haltungs- und Handlungsmuster im Gehirn zu verankern.

»*Jede bildhafte Vorstellung, die uns erfüllt, hat das Bestreben, sich zu verwirklichen.*«[2]

Émile Coué

Gleiches zieht gleiches an Wenn du dich veränderst, verändert sich auch dein Leben. Selbstcoaching öffnet durch die Erweiterung deiner Perspektive den Raum für inneres Wachstum und die Erkenntnis deines wahren Potenzials. So führst du ein Leben in Selbstbestimmung: Du kreierst dein Leben, indem du die Dinge, die du dir wünschst, in dein Leben einlädst und dies bewusst durch deine Gedanken, Gefühle und Handlungen steuerst.

Mit positiven Lebensgefühlen formulierst du deine Ziele und erreichst diese mit Leichtigkeit, weil sie im Einklang mit deinen Wünschen, Bedürfnissen und Werten stehen. Du kannst deine eigenen Talente und Fähigkeiten einbringen und dich selbst ausleben.

Der Prozess beginnt im Inneren Dein Weg der Selbsterkenntnis führt dich weg vom Suchen in der Außenwelt und stattdessen zu einem Eintauchen in deine Innenwelt. In deinem Inneren, deinem Herzen, findest du alles, was dich glücklich und zufrieden macht. In dir ist alles vorhanden, was du für das Leben brauchst. Dein Herz ist ein Ort voll Reichtum und Fülle. Wenn du eng mit deinem Herzen verbunden bist, lebst du deine Gefühle und schöpfst Kraft aus ihnen. Deine Gefühle führen dich zu deinen Sehnsüchten, Wünschen und Bedürfnissen. Erst sie machen dich zum ganzen Menschen.

Wenn du in dir alles gefunden hast, wonach du suchst, kannst du mit Visualisierungen beginnen und auch in der Außenwelt alles erschaffen, was du dir innerlich vorstellen kannst und wünschst. Im Gedicht »Die Übereinstimmung« findest du diesen Grundsatz wieder:

» *Wahrheit suchen wir beide,*
du außen im Leben, ich innen
in dem Herzen, und so findet sie
jeder gewiss.
Ist das Auge gesund, so begegnet es
Außen dem Schöpfer;
Ist es das Herz, dann, gewiss,
spiegelt es innen die Welt. «[3]

Friedrich Schiller

Ich komme mir näher – Schwächen und Stärken

Wir alle tragen die Sehnsucht in uns, gesehen und gelobt zu werden. Wir suchen Anerkennung und unseren Platz im Leben. Wir suchen nach einer Zugehörigkeit, die uns Halt und Stabilität gibt.

Kennst du das? Am liebsten zeigen wir uns von der Schokoladenseite. Wir meinen, am besten überzeugen zu können, wenn wir uns von der starken, souveränen Seite präsentieren. Dies schützt uns auch vor Verletzungen und Angriffen. Aber mit der Zeit besteht die Gefahr, dass wir nicht mehr wissen, wer wir wirklich sind. Unser Ego hat die Führung in unserem Leben übernommen. Es kann uns dann passieren, dass wir über viele Jahre unbewusst uns Unerwünschtes verdrängt haben, um besser funktionieren zu können und geliebt zu werden. Der Preis, den wir dafür bezahlen, ist, dass wir unsere Gefühle zurückhalten und vielleicht eine wichtige Auseinandersetzung unterdrücken. Wir verhalten uns so, wie es andere von uns erwarten oder wir glauben, dass sie es von uns erwarten.

Mit der Zeit kann es passieren, dass unsere scheinbare Sicherheit ins Wanken gerät. Spätestens in einer Lebenskrise werden wir aufgefordert, tiefer zu schauen und in Kontakt mit dem zu kommen, was uns wirklich trägt. Wenn alles wegbricht und wir den Boden unter den Füßen verlieren, entdecken wir unsere tiefsten Werte und unser wahres Sein.

Unser Umfeld und die Gesellschaft haben eine starke Wirkung auf uns, der wir uns nicht entziehen können. »Niemand ist eine Insel.« In jungen Jahren kann es sogar sehr attraktiv sein, bei dem Spiel »höher, schneller, weiter« mitzumachen. Schließlich sprühen wir nur so vor Vitalität und Kraft. In einem gesunden Maß gehört es auch zu dieser Entwicklungsphase, dass wir uns etwas aufbauen und für Karriere, Ruhm und Status anderes opfern. Aber irgendwann fragen wir uns vielleicht: War das schon alles? Oder hält das Leben noch mehr für mich bereit?

Nimm dir ein paar Minuten Zeit, dich nach innen zu wenden. Lasse zu, in der Stille anzukommen und folgende Fragen zu reflektieren:

- Was sind (aus deiner Sicht) deine Stärken und Talente?
- Wofür bekommst du Anerkennung von deinem Umfeld?
- Was kannst du noch in dir entwickeln? Welche verborgenen Talente gilt es zu entdecken?
- Welche Schwächen erkennst du in dir?
- Was glaubst du, welche davon deinem Umfeld bewusst sind?
- Welche Werte geben dir Kraft?
- Was ist dir besonders wichtig?

Es kostet dich Kraft und Energie, deine Schwächen zu überspielen und dein wahres Wesen zurückzuhalten. Was wäre, wenn du deine Schwächen umarmen könntest – wie ein kleines Kind, das Schutz und Unterstützung braucht? Wenn du dir erlaubst, mit dem zu sein, was wirklich in dir los ist, sowie dir selbst deine liebevolle Zuwendung zu schenken … Wäre das Leben nicht einfacher und um ein Vielfaches menschlicher?

Indem du dich mit deinen Schwächen zeigst, ermunterst du dein Umfeld, sich ganz zu zeigen. Statt dich und andere zu bewerten und zu verurteilen, schaffst du eine Atmosphäre in dir und in deiner Umgebung, die Selbstannahme ermöglicht und ein Klima von Wahrhaftigkeit und Wohlfühlen kreiert. Sei mutig und probiere es aus.

Befreie dich von einer Scheinwelt und werde echt. Deine Natürlichkeit wirkt attraktiver auf andere und schafft Vertrauen. Du bekommst damit auch eher, was du dir aus der Tiefe wünschst: eine ehrliche Begegnung mit dir und im Austausch mit anderen. Wenn du alle innere und äußere Anstrengung aufgibst und dich so zeigst, wie du bist, bringst du mehr Gelassenheit in dein Leben.

Yoga-Meditation: »Ich bin«

Diese Meditation hilft dir, wieder tiefer in Kontakt mit dir selbst zu kommen, dein Sein zu erkennen. Sie unterstützt dich, dir deiner Ressourcen wieder bewusst zu werden und auf dich zu vertrauen. Du erkundest deine eigentliche Identität, Wahrheit und innere Natur.

»Ich bin Kraft«

ist ein Zustand von Vollkommenheit. Wer so präsent ist, befindet sich im Zustand vollkommenen Seins. Die volle Präsenz zu sein bedeutet, das auszustrahlen, was ich wirklich bin. Das Mantra »Ich bin« ist ein sehr kraftvolles Mantra, das in vielen spirituellen Traditionen verwendet wird. Es wirkt auf das Bewusstsein des höheren Selbst. Ich bin immer ein Teil des einen, allumfassenden Bewusstseins.

Bewegungsanweisung:

- Du sitzt im Schneidersitz oder auf einem Stuhl mit aufrechter Wirbelsäule, das Kinn ist leicht zum Hals hingezogen. Schließe deine Augen und atme einige Male lang tief ein und aus. Besinne dich auf dich selbst und werde innerlich still.
- Der rechte Handrücken liegt entspannt auf dem rechten Knie mit den Fingern in »Gyan Mudra« (die Spitzen von Daumen und Zeigefinger berühren sich), der Ellbogen ist dabei durchgedrückt.
- Halte deine linke Hand mit der Handfläche nach innen in etwa 15 cm Entfernung vor dem Herzzentrum und sage laut (oder flüsternd): »Ich bin.« Bewege dann deine Hand bis 5 cm vor dein Herzzentrum und dann wieder auf 25 cm Distanz und zurück zur 1. Position und sage jedes Mal laut (oder flüsternd) »Ich bin« und wiederhole diesen Ablauf immer wieder.
- Beginne mit einer Dauer von 2–3 Minuten. Mit der Zeit kannst du die Meditation auf bis zu 11 Minuten ausdehnen. Dann sitze ganz still und lausche in dich hinein. Diese Meditation ist ein Beispiel für Einfachheit und Wirksamkeit.

Ich spüre die Weite und Offenheit in mir

Veränderungen sind ein Schritt ins Neue und Ungewisse: Es bedeutet, anstatt an alten Gewohnheiten festzukleben, neuen Impulsen zu folgen. Handele trotz Angst! Fällt es dir schwer, dich auf den Weg zu machen, weil dich vergrabene Ängste und Zweifel ausbremsen und lähmen? Angst ist wichtig und grundsätzlich nicht negativ zu bewerten, denn sie hat eine Funktion. Wenn du sie zulässt, sie dir anschaust, ihr begegnest, verabschiedet sich die Angst von allein. Du kannst deinem Leben eine neue und positive Richtung geben: Ungeahnte Möglichkeiten und Kräfte eröffnen sich dir: Beim Losgehen zeigt sich der Weg.

Sich der Angst stellen

Angst manifestiert sich auf sehr mächtige Weise auf der körperlichen Ebene. »Angst« kommt vom lateinischen Wort »angustus«, das Enge bedeutet. Die betroffenen Organe sind Herz und Niere. Bei Angstzuständen entsteht eine Enge im Herzen und in der Wahrnehmung. Du kannst nicht mehr klar denken, nicht mehr klar sehen und siehst kaum einen Ausweg aus den Herausforderungen.

Angst lähmt alle Lebensfunktionen, sie macht dich starr und behindert den Fluss des Lebens. Es ist wichtig, dass du dich deinen Ängsten stellst und sie bewusst betrachtest. Verdrängst du sie, so lagern sie sich in deinem Unterbewusstsein ab und tauchen in Albträumen, Phobien, Angst- und Panikattacken wieder auf. Verdränge deine Ängste nicht, sondern wage die Konfrontation. Stelle dich den Gegebenheiten, damit die Angst nicht dein Leben dominiert und dich von gewünschten Veränderungen abhält.

Ein erster Schritt zur Überwindung von Ängsten ist es, Vertrauen zu dir selbst und zu deinen Fähigkeiten zu entwickeln, dich anzunehmen, wie du bist: mit allen Stärken und Schwächen. Entwickle Respekt vor dir selbst und Selbstliebe.

Die Herausforderung annehmen

Angst zeigt dir deine Selbstbegrenzung. Ein nächster Schritt ist es, bewusst über deine Grenzen hinauszugehen und dich weiterzuentwickeln, d. h. dein Verhalten zu verändern. Anstatt die Angst zu nähren, lenke deine Energie in die Lösung der Herausforderung. Am leichtesten ist es, wenn du die Beobachterposition einnimmst, so kannst du neutral sein.

Betrachte deine Angst, ohne zu bewerten:

- Welches Thema steckt dahinter?
- Welche tieferen Ursachen lassen sich ergründen?
- Was kannst du aus der Angst lernen?
- Erkennst du ein Muster?
- Ist es eine berechtigte Angst oder reproduzierst du eine vergangene, unangenehme Situation?

Wenn du die Ursache für ein Muster erkennst, kannst du die aktuelle Situation auflösen und auch alte Erfahrungen verarbeiten. Du wirst dir deines inneren Konflikts bewusst. Durchbreche die Gedanken und Empfindungen, wie z. B. die Angst zu versagen bzw. nicht gut genug zu sein oder zu scheitern. Erlaube dir, solche Gefühle und Emotionen loszulassen.

Du kannst dich ganz bewusst dazu entschließen, Dinge zu ändern und deine Einstellung und innere Haltung konstruktiv auszurichten, indem du die Perspektive wechselst. Du bist der Meister bzw. die Meisterin deines Lebens, also auch deiner Ängste. Glaube an deine eigene Kraft und Energie. Denn wo Mut und Stärke sind, hat Angst keine Chance.

Raum für Entwicklung

Wenn du deine Ängste hinter dir lässt und mit Vertrauen und Zuversicht auf deinem Weg fortschreitest, eröffnet sich Raum für Wesentliches. Deine Wünsche und Bedürfnisse erhalten die gebührende Aufmerksamkeit und können in die Realität umgesetzt werden, sodass du dich, mit Freude und vom Leben getragen, weiterentwickeln kannst und dein Potenzial freilegst. Weg von der Enge in die Weite und dabei die Möglichkeiten umarmend, die das Leben dir anbietet, wenn du offen bleibst.

Es bedarf viel Druck, um aus einem einfachen Stück Kohlenstoff einen Diamanten entstehen zu lassen. Diesem Druck und den Anforderungen des Lebens begegnest du neugierig mit dem inneren Wissen, dass du an all diesen Situationen wachsen kannst. Wenn der Druck weicht und Zufriedenheit sowie Erfüllung bei dir einkehren, kannst du dein inneres Licht nach außen tragen und zum Leuchtturm für andere werden.

Yoga-Set: Ängste und Sorgen auflösen, Teil 1

Die nachstehende Yoga-Übungsreihe kann dich unterstützen, dich von deinen Ängsten zu befreien und wieder Raum für dich und deine Bedürfnisse zu spüren. Statt erstarrt zu bleiben, bringst du deine Lebensenergie wieder ins Fließen. Du erfährst eine Ausdehnung auf körperlicher Ebene in die Horizontale und Vertikale. Du nimmst Raum ein und auch deine Gedanken werden weiter, neue Möglichkeiten kommen dir in den Sinn. Du kannst wieder mit Zuversicht nach vorn schauen ...

Diese Übungsreihe gibt dir Ausdauer, Zuversicht, starke Nerven und das Vertrauen, die Herausforderungen bewältigen zu können, anstatt dich überwältigt oder ängstlich zu fühlen. Sie stärkt das Identitätsgefühl im physischen Körper und verleiht innere Stabilität. Gefühle von innerer Leere und Ängste werden durch energetische Blockaden-Lösung und tiefe Entspannung aufgelöst und beseitigt.

Bewegungsanweisung:

- Setze dich mit beiden Füßen aufgestellt auf einen Stuhl aufrecht hin oder setze dich in den Schneidersitz. Winkle den linken Ellbogen bequem an deiner Seite an, mit der linken Hand vor dem Herzzentrum. Die linke Hand ist zur Faust geballt, der Daumen zeigt entweder nach oben oder ist nach hinten gebogen. Die rechte Hand liegt auf dem rechten Knie in Meditationshaltung (Gyan Mudra – Daumen und Zeigefinger berühren sich).
- Atme langsam ein, halte den Atem und atme langsam aus. Versuche, 20 Sekunden einzuatmen, den Atem für 20 Sekunden zu halten und 20 Sekunden auszuatmen. Zähle jeweils bis 20.
- Beginne mit 2–3 Minuten. Steigere dich mit der Zeit auf 11 Minuten.

Ängste und Sorgen auflösen, Teil 2

- Dann bringe beide Hände an beiden Seiten neben deine Brust, die Handflächen zeigen zueinander und die Finger gerade nach vorn (1).

- Atme tief ein und strecke die Arme kraftvoll und schnell über den Kopf, die Finger zeigen nach oben (2). Halte den Atem.

- Bringe die Arme wieder nach unten in die Ausgangsposition und strecke sie wieder nach oben. Mache diese Bewegung bei angehaltenem Atem kraftvoll und schnell 8-mal hintereinander.

- Atme dann aus, atme tief ein und beginne von Neuem. Wiederhole 5 vollständige Zyklen.

1

2

Ängste und Sorgen auflösen, Teil 3

- Die Hände sind wieder seitlich der Brust. Strecke die Zeigefinger und mache mit den restlichen Fingern Fäuste, die Daumen umfassen und halten jeweils den Mittelfinger (1).

- Bringe die Fäuste nach außen zur Seite, beide Fäuste bleiben dabei auf derselben Höhe. Drehe gleichzeitig die Hände in kleinen Kreisen nach außen (2). Wenn die Arme ganz ausgestreckt sind, bewege die Hände in einer geraden Linie zurück zu deiner Seite, kreise dabei mit den Händen in kleinen Kreisen nach innen.

- Fahre für 5 Minuten fort. Beende die Übung mit der Einatmung, halte den Atem an, spanne jeden Muskel im Körper an und atme aus. Wiederhole dies noch 2-mal.

Meine innere Befreiung durch Aussöhnung

Es braucht den Frieden in dir, um ein erfülltes Leben zu führen. Vielleicht gibt es Erlebnisse aus der Vergangenheit, die dir das Leben im Hier und Jetzt noch schwer machen, die du noch loslassen darfst.

Der Frieden in unserem privaten oder beruflichen Umfeld, nach dem wir uns alle sehnen, beginnt bei jedem Einzelnen von uns. Du kommst in deine Kraft, wenn du die Vergangenheit annimmst und dich mit ihr aussöhnst, wenn du deinem Schicksal zustimmst und deine Eltern und das ganze Leben so nimmst, wie es ist. Du entwickelst so innere Kraft, um dein Leben frei und selbstbestimmt zu gestalten.

Kopf, Herz und Körper

Was so einfach klingt, ist ein intensiver Weg. Es reicht nicht aus, diesen Prozess auf der Verstandesebene zu vollziehen. Der Weg führt dich vom Kopf ins Herz. Erst wenn du es wirklich fühlst, kannst du die Vergangenheit emotional loslassen. Im Laufe der Jahre können sich viele Verletzungen, Kränkungen, Enttäuschungen und Verluste angesammelt haben. Diese Verletzungen loszulassen heißt, sich von dem angesammelten inneren Ballast zu befreien, der uns z. B. im Nacken, auf den Schultern oder im Rücken das Leben schwer macht und vielleicht sogar Schmerzen bereitet. Diese Erlebnisse hinterlassen ihre Spuren in der Seele und im Körper. Eugene T. Gendlin drückt es so aus: »Der Körper ist in der Situation und die Situation ist im Körper.«[4] Deshalb finde ich neben Selbstreflexion auch Körperarbeit sehr wertvoll beim Prozess des Loslassens – die Folge ist: Neue Energie wird im Körper freigesetzt.

Was hindert dich daran, dich in deiner Haut komplett wohlzufühlen? Vielleicht haben sich über die Jahre Kränkungen und Verletzungen in dir angehäuft. Dann steckst du möglicherweise in einem blockierten Gefühl fest und hast dir einen Schutzpanzer angelegt. Vielleicht wurdest du sehr tief verletzt und meinst, etwas sehr Schmerzhaftes und Schreckliches zu erleben, wenn du dich öffnest. Zum Schutz davor hast du Distanz zu deinen Gefühlen und zu anderen aufgebaut, um sie nicht zu nah an dich heranlassen zu müssen. Vielleicht hast du dich sogar zurückgezogen, um dich nicht mehr angreifbar zu machen und um nicht mehr ausgenutzt zu werden. Verletztwerden gehört aber zum Leben dazu, es ist unvermeidbar.

Die Opferrolle ablegen

Wenn du stark unter früheren Verletzungen leidest, kann es sein, dass du dich als Opfer fühlst und in eine gewisse Sprachlosigkeit verfallen bist. Solange du dich nicht artikulierst und die Situation klärst, bleibst du in der Opferrolle verhaftet. Andere Menschen können nicht wissen, was die Verletzung in dir ausgelöst hat, und vielleicht fehlt ihnen auch dafür die nötige Sensibilität. Deine Bedürfnisse, geliebt und respektiert zu werden, bleiben folglich unerfüllt. Es wird sich dann erst etwas verändern, wenn du eine Klärung oder ein Gespräch suchst. Hinter jeder Verletzung steckt eine Lernaufgabe. Nimm sie an und ziehe Kraft aus ihr!

» *Verletzlichkeit ist keine Schwäche. Sie ist der größte Ausdruck von Mut, den es gibt.* «[5]

Brené Brown

Deine Verletzlichkeit und Verwundbarkeit anzunehmen und zuzulassen ist keine Schwäche, sondern eine Stärke. Dir deine Unvollkommenheit einzugestehen macht dich frei und offen. Die Beziehungen zu dir selbst, zum Freundeskreis und im Arbeitsleben verwandeln sich. Du schaffst eine Grundlage, dich ganz auf das Leben einzulassen.

Übung: Die Vergangenheit ist vorbei

Der unten beschriebene Klärungsvorgang kann dabei helfen, bedrückende Erlebnisse oder Zustände auf befreiende und bereinigende Weise zu verarbeiten. Alte Verletzungen können so losgelassen werden.

> »*Die eigentliche Heilung geschieht, sobald das Herz sich öffnet und das zuvor verdrängte, abgelehnte oder verstoßene Gefühl aufnimmt.*«[6]
>
> *Safi Nidiaye*

Erinnere dich an eine tiefe Verletzung und gehe in das Gefühl und die Situation hinein:

- Was bewirkt es heute an und in deinem Körper?
- Was und wie hast du dich damals gefühlt?
- Was ging dir dazu alles durch den Kopf?
- Äußere innerlich deinen Wunsch nach Klärung, stimme dich auf die andere Person ein, indem du die beiden Fragen stellst: Warum hast du dich mir gegenüber so verhalten? Was hätte ich – aus deiner Sicht – anders machen sollen?
- Beschreibe, was du dir anstatt des verletzenden Verhaltens gewünscht hättest.
- Wenn du kannst, verzeihe dir und der anderen Person.

Die Macht des Verzeihens ist die befreiendste und heilendste Kraft, die dir zur Verfügung steht, wenn du die Vergangenheit loslassen möchtest. Indem du verzeihst, sprengst du die Fesseln deiner Vergangenheit und löst dich von Karma.

Raus aus der Komfortzone

Verlasse die kuschelige und bequeme Komfortzone. Auf deine innere Entscheidung kommt es an. Schalte den roten Knopf in dir an und es geht los.

Du bist der Schöpfer deines Lebens! Du kreierst dein Leben aufgrund deiner inneren Einstellung, deiner Gedanken und Gefühle. Du manifestierst ständig. Vielleicht ist es bisher unbewusst geschehen. Jetzt kannst du dich entscheiden, dies mit Achtsamkeit und Bewusstsein zu tun, um deine Ziele und Wünsche zu verwirklichen.

Die Macht der Gedanken

Dein Wunsch nach Wachstum und Lebenserfolg darf erfüllt werden. Öffne dich dafür und verlasse den Pfad der Selbstbegrenzung. Du verfügst über genug Ressourcen, um es umsetzen zu können. Die Gedanken, die du wählst, sind deine Werkzeuge, mit denen du die Leinwand des Lebens bemalst. Du gestaltest dein Leben, deine Umgebung und ziehst die entsprechenden Menschen und Situationen an. Deine Gedanken können eine Abwärtsspirale oder eine Aufwärtsspirale erzeugen. Deine Gedankenstrukturen bilden Muster in das Unterbewusste. Lenke deine Gedanken in die richtige Bahn – so erschaffst du ein Saatgut, dessen Ernte dich nähren und dir Zuversicht, Kraft, Lebensfreude, Lebenslust, Kreativität und Frieden schenken wird.

Es kann sein, dass du immer wieder mal Blockaden hast und überwinden darfst. Nimm die Herausforderungen an, vor die das Leben dich stellt. Sei unendlich mutig und richte dich auf und gehe weiter. Halte durch.

Aktiviere deine mentale Kraft

- Sieh dich in einem positiven Bild mit positiven Gefühlen.
- Lass das Bild konkret werden.
- Dann glaube an die Verwirklichung deiner Vorstellung und lasse los.
- Vertraue darauf, dass deine positive Einstellung, die an den Erfolg glaubt, auch von Erfolg gekrönt wird.
- Fühle und handle so, als wäre die Sehnsucht deines Herzens bereits erfüllt: als sei dein Lebensglück schon in deine Seele und in dein Leben eingezogen.

Gedankenmuster ändern

Wenn du die Schwierigkeiten überwindest, hast du ganz viel über dich gelernt. Sei liebevoll mit dir. Veränderungen können schmerzhaft sein. Deinen Mustern und Prägungen auf die Spur zu kommen und zu erkennen, wie du geprägt wurdest, kann dich auch sehr traurig machen und eine tiefe Verletzung aufzeigen. Vielleicht wird dir dadurch auch klar, wie dein Leben seine Gestalt annahm und dass du dir diese teilweise gar nicht so gewünscht hast. Das ist nur ein Teil deines Wesens und deiner Geschichte. Du bist aber viel mehr als dies … Identifiziere dich nicht mehr damit, sondern verändere deine Muster ganz bewusst. Du hast die Macht dazu und ich weiß, du schaffst das! Verändere deine innere Landkarte. Sie ist ein wichtiger Faktor, um deine rote Kraft dauerhaft zu aktivieren und zu verstärken – für dein persönliches Lebensglück!

Entwickle neue Gedanken und Glaubenssätze, die das Gelingen und den Erfolg im Fokus haben. Entscheide dich für die Gewinnerseite, und falls etwas anders läuft als erwartet, verändere dein Mindset und stelle die Weichen neu. Sei dankbar für alle erreichten Zwischenziele auf dem Weg dahin und bleibe dran. Würdige das Gute und lasse neue Kräfte in dich einströmen, die dich tragen und unterstützen.

Lasse dich dort ankommen, wohin du dich wirklich wünschst, weil du es dir wert bist. Du bist und wirst, was du denkst, also fokussiere dich auf das Positive! Wie innen, so außen. Du machst die Erfahrung, wenn es in dir klar ist. Und, wenn die Zeit reif ist, kommt es im Außen auf dich zu. Richte deinen Blick nach vorn, bestimme deinen künftigen Weg und stelle die Weichen im Hier und Jetzt.

Übung: Unterstützende Affirmationen bilden

Als Kind haben wir neben den positiven Glaubenssätzen auch falsche Glaubenssätze, die uns das Leben schwer machen, ungeprüft von den Eltern oder anderen Personen übernommen und als wahr abgespeichert. Diese haben sich in uns eingeprägt.

Welche falschen Glaubenssätze möchtest du loslassen und verändern, um statt ausgebremst innerlich bestärkt durch das Leben zu gehen?

Wenn du als Erwachsener erkennst, welche Glaubenssätze dich am meisten behindern und dein Innerstes verletzt haben, kannst du neue Gedanken erschaffen und für dich unterstützende Affirmationen formulieren, die dich bestärken und deine Persönlichkeit wachsen lassen. Du kannst heilend der Schöpfer deines Weltbildes sein. Frage dich: »Woher kommt der Glaubenssatz? Was steckt dahinter?«

» *Alle persönlichen Durchbrüche beginnen mit einer Änderung unserer Glaubensmuster.* «[7]

Anthony Robbins

Die Umwandlung von lähmenden Glaubenssätzen in unterstützende Affirmationen

Lähmender Glaubenssatz	Unterstützende Affirmation
Das schaffst du nicht!	Ich kann das. Ich schaffe das!
Dafür bist du noch zu klein!	Ich glaube an mich und mein Potenzial.
Du bist ein Versager!	Ich verdiene Erfolg und genieße ihn.
Wer glaubst du, wer du bist.	Ich wertschätze und respektiere mich.
Sei du wenigstens lieb. Mach mir keine Probleme.	Ich darf Nein sagen und für meine Bedürfnisse einstehen.

Lähmender Glaubenssatz	Unterstützende Affirmation
Ich darf meinen Gefühlen nicht trauen.	Meine Gefühle und meine Intuition führen mich zum nächsten Schritt.
Ich muss alles allein schaffen.	Ich darf Hilfe annehmen, ich werde vom Leben unterstützt.
Ich lebe im Mangel.	Ich lebe in der Fülle. Ich habe mehr, als ich brauche.
Ergänze, was dich bremst und wie du es positiv umwandeln kannst.	

Ein neues Lebensgefühl

Finde deine stärksten Bremsen und Kleinmacher in den verschiedenen Lebensbereichen! Verlasse den Pfad des inneren Widerstands. Beginne mit dem Leben zu fließen. Akzeptiere deine jetzige Situation voll und ganz. Starte deine Reise, wo du gerade stehst. Mache dir innerlich bewusst: »Was ist, darf sein. Was sein darf, kann sich verändern: Ich öffne mich für positive Veränderungen.« Auf deinem Weg wirst du nicht nur der Freude begegnen, sondern auch andere Seiten erkunden, wie innere Blockaden, Schmerzen oder Trauer. Es sind Transformationsschritte auf dem Weg, dein Selbst mehr auszudrücken und auszustrahlen. Es braucht das Loslassen, damit Platz für Neues ist.

Auf deinem Weg wirst du vom Umfeld geprüft werden. Demonstriere deine innere Klarheit und Entscheidung für Veränderung. So bleibst du zielgerichtet und fokussiert. Für andere ist es bequem, wenn du so bleibst, wie du bist. Sei bereit, deinen Standpunkt zu vertreten. Wenn du innerlich ganz klar willst, was du vorhast, strahlst du dies auch nach außen aus.

Lernen, sich abzugrenzen

Was machst du mit Energieräubern und Pessimisten? Zeige ihnen die Rote Karte! Sie kosten dich so viel Kraft. Kraft, die du lieber vorwärts gerichtet einsetzen kannst und in Handlungsenergie verwandelst. Nutze deine Ressourcen intelligent und lasse dir keine Energie und Zeit mehr stehlen.

Siehst du manchmal rot? Deine Aggression ist willkommen: Sie unterstützt dich zu spüren, wo ein Nein und ein Auflehnen angemessen sind und wo du dich gesund abgrenzen darfst. Dein Umfeld braucht klare Grenzen von dir. Achte penibel darauf, dass diese Grenzen auch tatsächlich eingehalten werden. Du stehst für dich ein und meinst es ernst. So gelingt es dir besser, mit deinen Kräften hauszuhalten und deine Bedürfnisse zu befriedigen. Deine Wut kann dein Indikator dafür sein, was nicht mehr passt und dich dadurch verstimmt! Dein Ärger drückt aus, dass du nicht mehr bereit bist, Dinge zu akzeptieren, die dir schaden und dich von dem ablenken, was du wirklich willst.

Ein Ja für das neue Lebensgefühl

Wie möchtest du dein neues Lebensgefühl durch körperliche Bewegung oder eine Geste ausdrücken? Wie verändert sich dabei deine Körperhaltung? Auf einer Skala von 1–10: Wie stark ist deine Aufbruchstimmung? Was brauchst du noch?

Wer in deinem Umfeld könnte dich unterstützen? Suche dir Verbündete. Ein intelligenter Schachzug ist, dich mit Menschen zusammenzuschließen, die ebenfalls einen Veränderungswunsch haben. Die Idee ist, sich bei Durchhängern zu motivieren und sich gegenseitig zum Ziel zu »pushen«. Vielleicht möchtest du eine kleine Erfolgsgruppe gründen: »Ab heute trag ich Rot.« Schafft Gemeinsamkeiten: Tragt rote Kleidung mit der Intention, euch gegenseitig zu bestärken. Das Ziel ist es, mentale Stärke, positive Gefühle und Gedanken zu kreieren und Raum für ehrlichen Austausch zu schaffen. Ihr definiert Regeln für die Treffen. Jeder Teilnehmer könnte am Anfang 5 Minuten Blitzlicht-Redezeit bekommen (als Symbol hat der Redner einen roten Ball in der Hand) und kurz erzählen, wie es läuft und wo es hapert und Unterstützung nötig ist. Macht gemeinsam Übungen aus dem Buch. Werdet kreativ und kommt mit Herz und Gefühl zur cleveren Lösung.

Bewegung ist ein Energie- und Transformationsfaktor. Durch körperliche Bewegung kommen auch deine Themen in Bewegung. In der Bewegung bewegst du etwas: deine ersten Schritte auf deiner roten magischen Reise. Es gibt einen Entwicklungsplan für dich. Wie in einem Samen ist bereits alles in dir angelegt, damit sich dein volles Potenzial und Lebensglück entfalten können. Deine Quelle sind deine Gefühle und dein inneres Wissen. Schöpfe aus deiner inneren Fülle!

Yoga-Set: Innere Grenzen sprengen, Teil 1

Diese kurze Übungsreihe trainiert deinen Durchhaltewillen. Vielleicht bringt sie dich an deine Grenzen, aber du kannst wunderbar lernen, über dich hinauszuwachsen. Ein Gefühl von Anerkennung für dich und ein gewisser Stolz auf dich und deine Leistung stellen sich ein.

Diese erste Übung setzt in deinem Körper Heilkräfte frei.

- Setze dich mit aufgerichteter Wirbelsäule auf einen Stuhl oder in den Schneidersitz. Winkele deine Ellbogen an, bringe sie nah an den Oberkörper und hebe die Unterarme. Die Handflächen zeigen nach vorn und die Finger sind gespreizt.

- Drehe aus den Handgelenken heraus die Hände nach innen, bis die Handflächen zum Körper zeigen. Der Daumen führt die Bewegung an. Während der Bewegung werden die anderen Finger zur Faust geschlossen.

- Dann drehe die Hände in die Ausgangsposition zurück und strecke dabei die Finger wieder aus. Die Handbewegung wird in einem schnellen Rhythmus und mit folgender Atmung ausgeführt: Du formst den Mund zu einem offenen O und atmest mit jeder Drehung der Hände durch den Mund ein und aus. Dein Blick ist auf die Nasenspitze gerichtet.

- Du beendest die Übung, indem du einatmest, den Atem 10–15 Sekunden anhältst und Fäuste machst, der Daumen wird nicht eingeschlossen. Spanne alle Muskeln im Körper an. Atme aus und wiederhole diesen Vorgang 2-mal.

Mache die Übung 1–3 Minuten lang, spüre nach und entspanne kurz.

Innere Grenzen sprengen, Teil 2

Diese Übung beseitigt innere Blockaden.

- Sitze aufrecht auf einem Stuhl oder im Schneidersitz. Die Hände sind neben der Brust, die Handflächen zeigen nach vorn. Schiebe die Hände abwechselnd nach vorn, die Bewegung geht vom Handballen aus. Während du eine Hand nach vorn drückst, ziehst du die andere Hand an deine Körperseite zurück. Du formst den Mund zu einem O und atmest im Rhythmus der Bewegung hechelnd durch den Mund ein und aus.

- Die Übung wird beendet, indem du einatmest, den Atem anhältst und einen Arm nach vorn gestreckt lässt. Für 15–20 Sekunden bleibst du in der Position und spannst alle Muskeln im Körper kräftig an. Dann atme aus. Wiederhole dies mit dem anderen Arm. Halt wieder den Atem an, atme aus und entspanne.

Mache die Übung 1–3 Minuten lang, spüre nach und entspanne kurz.

Innere Grenzen sprengen, Teil 3

Die Übung wirkt wohltuend auf dein Herz und schenkt dir frischen Schwung.

- Sitze mit aufgerichteter Wirbelsäule auf dem Stuhl oder im Schneidersitz und strecke die leicht angewinkelten Arme zu den Seiten aus. Die Hände sind locker gewölbt und die Finger gespreizt.

- Lasse die Arme von den Schultern aus energisch rückwärts kreisen. Forme den Mund wieder zu einem offenen O und atme hechelnd durch den Mund ein und aus. Atme bei der Aufwärtsbewegung ein und atme bei der Abwärtsbewegung aus.

- Zum Ende diese Übung atme ein, strecke deine Zunge so weit wie möglich hinaus und halte den Atem mit einem angespannten Körper an. Atme aus. Wiederhole diese Sequenz 2-mal.

Mache die Übung 1–3 Minuten lang, spüre nach und entspanne kurz.

Yoga-Coaching: neue Türen öffnen

Yoga ist ein ganzheitlicher Weg, auf dem du zu dir kommen kannst und u. a. lernst, äußeren Herausforderungen anders und gelassener zu begegnen. Du beginnst von innen zu strahlen ...

Kundalini Yoga – das Yoga des Bewusstseins Yoga hat seinen Ursprung in Indien und zum Teil in Tibet. Es ist das älteste überlieferte Übungssystem für eine ganzheitliche Entwicklung des Menschen.

Im praktischen Leben bedeutet Yoga, dass du den Weg der Selbsterkenntnis und Selbstverwirklichung gehst. Dabei erinnerst du dich an das Wesentliche und schreitest durch das Leben mit Aufmerksamkeit, Achtsamkeit, Respekt und Aufrichtigkeit.

Im Laufe der Zeit haben sich verschiedene Yoga-Richtungen entwickelt. Das Ziel aller Yoga-Schulen ist es, die Kundalini-Energie zu aktivieren und zum Fließen zu bringen. Die Kundalini-Energie ist unsere ursprüngliche Körper- und Bewusstseinsenergie.

Kundalini Yoga versteht sich als Yoga des Bewusstseins. Es stärkt die Wahrnehmung für die inneren Prozesse und die Fähigkeit, die Ursache von negativen Gefühlen zu erkennen und aufzulösen. Es ist eine ganzheitliche Methode der Körper- und Energiearbeit, die es ermöglicht, das volle menschliche Potenzial kennenzulernen und zu entwickeln. Kundalini Yoga ist der Weg, den Körper, den Geist und die Seele in Harmonie zu bringen und zu stärken. Es beinhaltet Körperübungen, Atemübungen, Tiefenentspannung und Meditation.

Yogi Bhajan – der Meister des Kundalini Yoga In der Tradition der Lehrer des Kundalini Yoga steht Yogi Bhajan, der auch als »Meister des Kundalini Yoga« bezeichnet wird. Er wurde am 26. August 1929 in eine Arzt-Familie hineingeboren und wuchs als Sikh auf. Schon als Kind war er Schüler eines Yogi. Bereits mit 16 Jahren legte er seine Prüfung zum Meister des Kundalini Yoga ab. Yogi Bhajan brachte diese vormals geheime Lehre 1969 in den Westen und unterrichtete sie dort öffentlich. Seine Anliegen waren die Verbreitung der Lehren des Kundalini Yoga und die Vermittlung ihrer praktischen Anwendung in jeder Lebenssituation. Yogi Bhajan starb am 6. Oktober 2004 in Española, New Mexico, USA.

Yoga ist Training auf der Körperebene Die abwechslungsreichen Yoga-Übungen bieten ein optimales Körpertraining. Durch Yoga profitiert nicht nur der Aufbau der Muskulatur, sondern der gesamte Körper. Er gewinnt Flexibilität und Vitalität und eine größere Mobilität und flüssigere Bewegungsabläufe ergeben sich daraus zwangsläufig. Die gesamten Körpersysteme werden gestärkt, wie z. B. das Nerven-, das Drüsen- und das Immunsystem. Die körperliche Aktivität bringt Kraft und Freude, weil die Glückshormone Serotonin und Dopamin ausgeschüttet werden.

»Im Kundalini Yoga ist das Wichtigste die Erfahrung. Deine Erfahrung geht direkt in dein Herz. Keine Worte können das ausdrücken; dein Bewusstsein würde sie nicht annehmen, höchstens dein Verstand. Uns geht es darum, das Bewusstsein zu erweitern, den Horizont zu erweitern für die Gnade, die Wahrheit zu verstehen. Dann kannst du dein Leben sorgenfrei planen, wie auch immer du es dir vorstellst, kannst Kreativität und Unbegrenztheit in allen Aspekten des täglichen Lebens ausstrahlen.« [8]

Yogi Bhajan

Yoga ist Training auf der Mentalebene Mit dem nach innen gerichteten Blick entwickeln sich die Eigenwahrnehmung und auch ein besseres Körpergefühl. Diese Zentriertheit bringt einen schnelleren Durchblick und eine größere geistige Klarheit. Ausdauer und Zielstrebigkeit stellen sich automatisch ein und wir werden selbstsicherer.

Yoga bietet eine ausgezeichnete Möglichkeit, sich weiterzuentwickeln, denn Selbsterkenntnis und ein natürliches, verbessertes Selbstbewusstsein geben genügend Halt, um sich zu verändern und neue Wege beschreiten zu können.

Yoga ist Training auf der Gefühlsebene

Yoga verhilft zu einem besseren Wohlbefinden, weil Unstimmigkeiten und negative Gefühle bereits im Frühstadium erkannt und aufgelöst werden können. Unangenehme Gefühle bedeuten Stress für den Körper und mindern das Allgemeinbefinden. Durch Yoga schärfen wir all unsere Sinne und sind so bereit, unsere Gefühle zu ergründen und sie zu hinterfragen.

In der Arbeit mit belastenden Gefühlen wollen wir Gefühle nicht vergessen oder verdrängen, sondern sie akzeptieren. Indem wir sie zulassen, können wir sie mit einer neutralen Geisteshaltung anschauen.

Wir arbeiten am Unterbewusstsein und lösen uns von alten Gedanken- und Verhaltensmustern. Wir haben dann die Möglichkeit, destruktive Gefühle bewusster zu durchleben und uns neue Verhaltensweisen anzueignen. Wir lernen neue Strategien, besser mit Situationen, Menschen und den eigenen Gefühlen umzugehen.

Negative Gefühle machen unsicher und beeinträchtigen uns. Yoga gibt uns Sicherheit und ein gesundes Selbstwertgefühl. Nur wenn das Selbstvertrauen stark ist, haben wir genügend Mut, einen Veränderungsprozess einzugehen, und die Kraft, etwas anderes auszuprobieren. Es ist wichtig, sich weiterzuentwickeln, die Kraft der Gefühle für das Vorwärtskommen zu nutzen und erfolgreichere Strategien zu entwickeln. Die veränderte kognitive Einstellung, nämlich Herrin bzw. Herr über das eigene Leben und unsere Gefühle zu sein, ist eine Voraussetzung für eine der Gesundheit förderliche Verhaltensweise.

So beherrschen unsere Gefühle nicht mehr uns, sondern wir bestimmen unseren Umgang mit den Gefühlen. Fließen die Gefühle, d. h., sind sie nicht blockiert, verdrängt oder werden umgeleitet, empfinden wir wahre Glücksmomente und tiefe Dankbarkeit.

Kundalini Yoga ist keine Religion, es zählen allein die eigene Erfahrung und die so gewonnene Überzeugung, dass dies der richtige Weg ist. Kundalini Yoga ist ein Lebensweg, eine Philosophie, doch niemals ein Dogma. Es ist eine Lebensform zum bewussteren und erfüllteren Leben.

Meditation im Kundalini Yoga

Während der Meditation wird die rechte Gehirnhälfte, die für die Entspannung und die Einsicht steht, aktiviert. Ziel ist es, die Gedanken loszulassen, damit Ruhe einkehrt und wir einen höheren Bewusstseinszustand erreichen können. Meditationen befreien uns von inneren Spannungen, weil der Geist durch die Konzentration ruhig und klar wird. Gefühle und Gedanken treten in den Hintergrund, so erlangen wir inneres Gleichgewicht und Stärke, und eine seelische Ausgeglichenheit stellt sich ein.

Mudra

Mudras sind Handhaltungen, die einer Übung oder Meditation zusätzlich Kraft und Ausdruck verleihen. Mit den Fingern und Händen machen wir Gesten, durch die wir auf geistige und seelische Prozesse Einfluss nehmen. In den Händen und Fingern beginnen und enden wichtige Meridiane. Durch Drücken oder Halten von bestimmten Fingern oder Handbereichen können wir gezielt bestimmte Organe oder die mentale Ebene beeinflussen.

Mantra

Wie ein Anker wirkt ein Mantra, an das wir unseren Geist heften können, damit wir zentriert und ganz bei uns selbst bleiben. In Meditationen können wir Gefühlsstürmen begegnen und ein Mantra hilft uns dann, in den neutralen geistigen Raum zurückzukehren. Außerdem werden im Gaumen Meridiane aktiviert, wenn die Zunge die Meridianpunkte berührt. Dies hat eine anregende Wirkung auf die Gehirnströme und führt langfristig zu einer positiven Grundeinstellung. Durch das Singen von Mantren werden die wichtigsten Hormondrüsen im Kopf, die Epiphyse und die Hypophyse, aktiviert. Mit speziellen Mantren können wir gezielt auf unterschiedliche emotionale Verfassungen einwirken.

7 Eigenschaften jemandes, der Kundalini Yoga gemeistert hat: »Unendlich empfindsam. Absolute Hingabe im Tun. Nie versiegende Quelle von Würde und Anmut. An Güte unermesslich wie das Meer. Mitgefühl wie die machtvolle Erfahrung von Regen. Auftreten wie eine Brise. Handeln wie ein Donnerschlag.« (Yogi Bhajan am 20. Juli 1981 in »Die Essenz des KY«, Hamburg)

Niemand kann mich aufhalten

Wenn du ganz tief in dich hineinspürst und deinen Gefühlen und deiner Seele Raum gibst, kannst du ganz viel gewinnen und für dich das Wesentliche erkennen – in diesem Moment und auf lange Sicht.

Im Leben ist nichts im Stillstand. Dein Leben ist permanent im Wandel und in Bewegung. Du durchläufst im Leben verschiedene Lebensphasen, in denen deine Aufmerksamkeit verschiedene Schwerpunkte setzt. Daher ist es nützlich, immer wieder einmal innezuhalten, still zu werden und zu schauen, ob dein Leben noch in Lot ist oder ob manche Lebensbereiche nicht mehr in Balance sind. Vielleicht bist du vom Weg abgekommen und brauchst leichte Kurskorrekturen. Vielleicht stehen auch große Veränderungen an. Eine einfache Bestandsaufnahme kann klären, wo du gerade stehst.

Bist du im Alltag auch oft gefangen, Verpflichtungen zu erfüllen, den Alltag zu meistern und deinen verschiedenen Rollen gerecht zu werden? Aber wie sieht es mit deiner Fürsorge und Zeit für dich selbst aus? Du bist der wichtigste Mensch in deinem Leben. Nur wenn du innerlich voll und erfüllt bist, kannst du dauerhaft geben und auch für andere da sein. Es lohnt sich, dich selbst immer wieder einmal in den Mittelpunkt zu stellen.

Wie sieht dein Leben im Moment aus? Nimm wahr, ohne zu bewerten und zu verurteilen. Es geht darum, anzuerkennen und wertzuschätzen, was gerade ist, ohne in den Widerstand zu gehen. Ein guter Indikator für deine tatsächliche innere Zufriedenheit können deine Lebensfreude und Lebendigkeit sein.

Eine kleine Atempause – eine kleine Auszeit, um dich mit dir selbst zu verbinden und dir Zeit zu nehmen, um deine Bedürfnisse zu spüren. Nimm dir Zeit für dein wertvolles Leben.

Standortbestimmung: Wo stehe ich im Moment?

Für deine Standortbestimmung kannst du dir innerlich folgende Fragen stellen:

- Wo stehe ich gerade? Wie geht's mir da?
- Wo komme ich her?
- Wo will ich hin? Was will ich verändern und was will ich bewahren?
- Wozu bin ich hier? Was ist mein Lebenssinn?

Mental-Übung: Ich stehe in meiner Kraft

In der asiatischen Kampfkunst ist es üblich, sich vor einem Wettkampf auf den Gegner »einzuschwingen«. Dafür ist es nötig, sich in seine Kraft, in sein »Hara«, zu stellen.

Die hier beschriebene Mental-Übung habe ich bei Joachim Seelmann, einem befreundeten Mental-Coach, kennen- und schätzen gelernt:

Damit du diese Kraft in dir spüren und für dich nutzbar machen kannst, stelle dich folgendermaßen hin:

- Die Beine stehen schulterbreit auseinander, die Knie sind leicht gebeugt, die Arme hängen locker am Körper herunter. Spüre bewusst den Boden unter deinen parallel aufgstellten Füßen. Atme tief und bewusst ein und aus. Stelle dir die Farbe Rot vor. Entspanne ganz bewusst deinen Körper und gehe mit deiner Aufmerksamkeit in deinen Bauch.

- Balle deine Hände zu Fäusten und drücke diese knapp unterhalb des Nabels fest in den Bauch. Dann drücke mit der Kraft deiner Bauchmuskeln deine Fäuste wieder heraus.

- Nimm diese Anspannung bis auf eine kleine Anspannung zurück. Die geballten Fäuste öffnen sich und bleiben in der Position knapp unterhalb Nabels. Spüre intensiv in deinen Bauch, in das Zentrum deiner Kraft. Spüre die Ruhe und gleichzeitige Power, die aus deinem Bauch in deinen ganzen Körper strömt.

- Stehe dabei felsenfest und unerschütterlich wie ein Kampfsportler. (Probiere es aus, lasse dich anstoßen. Du wirst bemerken, dass dich nichts aus der Mitte stößt.) Stelle dir eine Alltagssituation vor, in der du diese Kraft benötigst, und lasse sie einfließen. Nimm wahr, wie du diese Situation kraftvoll meisterst.

Was mich auf meiner Reise nährt

Man unterscheidet zwei Formen von Motivation. Die extrinsische Motivation: Hier handelt es sich um eine Motivation, die von außen kommt und nicht lange anhält. Die intrinsische Motivation: Hier kommt die Motivation von innen, aus dir selbst heraus.

Ich möchte die zweite Form, die Selbstmotivation, in dir wecken, denn sie ist besonders kraftvoll! Im Wort »Motivation« steckt das Wort »Motiv«. Es lässt sich vom lateinischen Wort »motivum« herleiten und schon hast du den Zusammenhang mit »movere«, dem lateinischen Wort für »bewegen«. Es meint also etwas, das dich innerlich bewegt und dein Feuer entfacht. Du musst dafür brennen, um deinen Plan zu verwirklichen. Selbstmotivation heißt letztlich, dich selbst auf die Dinge zu konzentrieren, die eine Bedeutung für dich haben: was Wert hat und dir wichtig ist. Es braucht also ein Ziel oder eine Idee, die dir sinnvoll und wertvoll erscheinen.

Halte kurz inne und erinnere dich an deine Stärken. Denke an bereits realisierte Erfolge. Denke an einen Erfolg, der dein Herz bewegt und für dich noch heute eine gewisse Kraft hat. Erinnere dich an die positiven Gefühle, die mit deinem Erfolg verbunden sind. Visualisiere dein erreichtes Ziel von damals. Sieh es richtig vor Augen und stelle es dir mit allen Sinnen vor. Mache dir bewusst, was du schon alles erreicht hast.

Mache dir bewusst, dass du bist, was du denkst. Was du denkst, strahlst du auch aus. Was du ausstrahlst, ziehst du an. Realisiere: Du bekommst nicht, was du willst, sondern das, woran du glaubst. Dein Glaube kann Berge versetzen und deine Antriebskräfte mobilisieren.

Lebensziele und Visionen schenken uns Motivation, Schwung und Energie. Lass es eine Vision der Freude sein. Wenn du dir das Leben als Schiff vorstellst, solltest du dir bewusst machen, dass du es bist, der deinen Fokus und deine Konzentration lenkt. Du bist der Kapitän deines Lebens! Du bestimmst deinen Kurs! Du hast die Macht!

Ich mache mich frei von Ballast

Glücksforscher haben herausgefunden, dass wir mit weniger Dingen auskommen können und uns dann freier und glücklicher fühlen. Wenn du also dein Leben vereinfachst und dich von überflüssigen Dingen trennst, fühlst du dich befreiter und schaffst Raum für Neues. Die äußere Ordnung, die du vornimmst, schafft eine innere Ordnung. Beginne sofort, dein Leben zu vereinfachen, und spüre, wie dein Energielevel durch das Loslassen von angesammeltem Ballast ansteigt:

- Fange zuerst ganz pragmatisch an: Entrümpele deinen Dachboden (Kindheit) und Keller (Unbewusstes). Mit jedem abgeworfenen Stück Ballast fühlst du dich leichter und offener.
- Eine aufgeräumte Wohnung lässt die Energie besser fließen und du fühlst dich klarer und vitaler.
- Gehe deinen Kleiderschrank durch. Welche Kleidungsstücke hast du in den letzten 2–3 Jahren nicht mehr getragen? Entsorge, was du nicht mehr benötigst.
- Gibt es Gegenstände auf Kommoden oder in der Wohnung, die reine Staubfänger sind? Kannst du dich von Überflüssigem trennen?
- Traue dich an liegen gebliebene Papiere oder Probleme und erledige, was offen geblieben ist. Schließe aufgeschobene Projekte ab oder trenne dich von ihnen.
- Beende Beziehungen, die nicht aufrichtig sind oder in denen du keine Unterstützung erhältst.
- Befreie dich von negativen Glaubenssätzen, die deinem Glück im Wege stehen, z. B. »Ich verdiene es nicht, glücklich zu sein«, »Ich muss immer hart arbeiten«, »Ich muss um alles kämpfen«.
- Finde aufbauende Glaubenssätze wie z. B. »Das Leben meint es gut mit mir«, »Mir fließen die Dinge zu, die ich brauche«, »Ich habe Vertrauen, dass der Kosmos gut für mich sorgt«.
- Lasse deine Vergangenheit los. Erkenne den Gewinn von belastenden Situationen oder Verletzungen. Aus ihnen kannst du innere Stärke und positive Gefühle gewinnen. Baue dir ein neues, zufriedenstellendes Leben auf.

Schreib-Übung: Feuer-Ritual

Lasse deinen Geist meditativ werden. Schicke ein paar entspannte Atemzüge in deine Körpermitte und zentriere dich. Mache die folgende Übung aus einer gesammelten Mitte heraus, du ruhst in dir. Du spürst die kraftvolle Ruhe und ruhevolle Kraft in dir.

Mit dieser inneren Sammlung schreibst du alles, was dich belastet, auf ein weißes Blatt auf. Wirklich alles, was du loslassen und hinter dir lassen möchtest, wovon du dich in deinem Leben befreien möchtest. Nimm nun deinen Zettel, zünde ihn an und verbrenne ihn. Wenn du eine Feuerschale hast, verbrenne das Blatt dort.

Verbinde dich mit der violetten Flamme der Transformation. In Anwendung gebracht, bewirkt sie die vollkommene Umwandlung aller unerwünschten Muster, Glaubenssätze und Manifestationen im eigenen Leben. Mit der violetten Flamme ist es möglich, Energieblockaden – gleich welcher Art – aufzulösen, so kannst du dich von Altlasten, Bürden und Schwere befreien. Die Energie wird durch die Flammenkraft transformiert und steht dann für das weitere Wachstum zur Verfügung. Stelle dir möglichst bildlich vor, dass deine Hände alles Belastende aus deiner Aura herausstreichen und dies alles vom violetten Feuer um dich herum in Licht und Liebe transformiert wird.

Jetzt nimm ein rotes Blatt und notiere alles, was du dir für dein Leben wünschst: Du hast die Kraft in dir, deine Wünsche zu realisieren. Schreibe es mit der Intention auf, es in dein Leben einzuladen und zu dir fließen zu lassen. Besorge dir einen goldenen Stift und lasse deine Wünsche mit der Farbe Gold auf dein Papier sprechen. Farbcoach Dougall Fraser erklärt: »Ich nutze Gold, wenn ich mich wie ein Meister meines eigenen Schicksals fühlen will.«[9] Die Farbe Gold hilft dir, deine Ziele zu erreichen. Platziere dein rotes Blatt an einem gut sichtbaren Ort, z. B. in deiner Meditationsecke. So erinnerst du dich ab und zu an deine Wünsche.

Wie sieht dein Feuer im Moment aus? Dein Feuerelement darf sich zu einer starken, stabilen Flamme entfalten. Nicht zu schwach, dann bist du kraftlos, müde und erschöpft. Nicht zu stark: Dann verbrennst du dich von innen. Dein Feuer soll dich nicht verbrennen, sondern für dich kochen. Deine frische, lebendige Feuerenergie in Balance zeigt sich in einer kraftvollen, liebevollen Ausstrahlung und einer großen Präsenz. Ein klarer Geist und eine klare Sprache durchströmen dich, verbunden mit einem Strahlen in den Augen.

Deine fokussierte Beschäftigung mit dem Feuer bringt dich in Resonanz mit der Feuerenergie und führt dich zum Einklang mit deiner eigenen Feuerkraft. Wenn du das Feuer in dir stärken möchtest, kannst du in ein Kerzenlicht, in die rote Glut eines Kaminfeuers oder Lagerfeuers oder in den roten Sonnenuntergang schauen. Du kannst Bilder oder Poster mit Feuer- oder Sonnenmotiven als Unterstützung in dein Haus holen.

Kraft für Veränderungen mobilisieren

Es hat dich also gepackt und du bist bereit für Veränderungen in deinem Leben. Ich gratuliere dir von Herzen zu dieser weisen Entscheidung, dich auf den Weg zu machen. Es lohnt sich auf jeden Fall! Der Startschuss ist also gefallen.

Du bist eingeladen, deine rote magische Reise mit Leichtigkeit zu beschreiten. Ich möchte dir den Druck wegnehmen, den du vielleicht sonst im Alltag verspürst. Bei deiner Reise gibt es kein »Ich muss« oder »Ich sollte«. Du wählst die Reise zu dir selbst freiwillig und darfst sie in deinem Tempo und auf deine eigene Art und Weise reisen. Es geht nur um dich und dass es sich für dich stimmig anfühlt. Du brauchst niemandem zu gefallen und niemanden zu beeindrucken.

Sei ehrlich mit dir und nutze die Chance, dir tiefer zu begegnen und die Antworten aus der Tiefe deiner Seele und deines Herzens kommen zu lassen. Es ist eine Reise nach innen und du entdeckst in dir unendliche kostbare Schätze. Da der Weg dir entspricht und von dir bestimmt wird, gibt es kein Richtig oder Falsch.

Was dich auf deiner roten magischen Reise unterstützt, sind eine neugierige, offene Haltung und deine Entscheidung, auf Entdeckungsreise zu gehen und deine Möglichkeiten zu erforschen. Du gehst den Weg, wie Kinder ihn gehen würden: Du bist im Moment präsent und bist ganz im Flow. Es gelingt dir, dich ganz auf das Hier und Jetzt zu konzentrieren: offen noch mehr zu entdecken. Du wirst merken, das Leben ist richtig spannend und zeigt dir neue Möglichkeiten. Es kommt auf einen Versuch an. Lasse dich nicht verleiten, vorschnell aufzugeben oder das Neue abzulehnen, wenn alles nicht sofort klappt. Sei in gutem Kontakt mit dir selbst, beobachte achtsam, dass deine inneren, unterstützenden Kräfte aktiv sind. Erkenne, wenn dein innerer Kritiker oder Richter dir das Neue vermiesen und dich mit seiner Skepsis ausbremsen möchte.

Vielleicht magst du dir innerlich sagen: »Ich heiße das Neue willkommen.« Nimm wahr, was dies in dir auslöst. Es kann dir etwas über dich selbst verraten. Welche Stimmen, Gedanken, Gefühle melden sich da? Vielleicht gibt es eine Seite in dir, die dich abhalten will. Begrüße alles, was in dir da ist und hochkommt, es möchte nicht verdrängt werden, sondern gesehen werden. Es ist eine Chance, dass Dinge ans Licht kommen, die dich davon abhalten, aufzubrechen. Was brauchst du, um dich wirklich ganz auf das Neue einzulassen?

Der stärkste und schnellste Hebel für Veränderung sind neue Gedanken. Lasse alte hartnäckige Gewohnheiten hinter dir und ersetze sie Schritt für Schritt durch neue, bessere Gewohnheiten!

Es wird Energie freigesetzt und dein Leben beginnt zu fließen und sich neu zu entfalten. Du lädst neue Erfahrungen in dein Leben ein: für ein erfüllteres Leben mit mehr innerem Feuer. Lasse dich von deinem Inneren führen.

Dein Unterstützungssystem:

- Schaffe dir äußeren und inneren Freiraum.
- Alles darf sein und ist willkommen.
- Sei liebevoll und wohlwollend mit dir.
- Lass dir Zeit! Du hast alle Zeit der Welt!
- Da ist ganz viel Raum für dich.
- Alles ist willkommen, was du fühlst.
- Du bist dir selbst eine gute Freundin/ein guter Freund.

Übung: Transformation mit dem Phönix

Die Mythologie erzählt, dass der Feuervogel Phönix – der Wiedergeborene – aus seiner Asche neu entflammt entsteht. Er symbolisiert die Lebensenergie der Erde sowie die Sonnenkraft des Himmels.

Der Phönix ist ein kraftvolles Bild für die Überwindung von Krisen und die Entfaltung neuer Lebensvisionen. Der Phönix ist dein Krafttier auf deiner persönlichen Reise durch das Buch. Er führt dich zu neuer Kraft und Energie, gleichzeitig entfacht er dein inneres Feuer und deine innere Stärke, deine Vision der Freude zu leben.

Diese geführte Krafttier-Meditation

- bringt das Feuer der Reinigung in dein Leben
- lässt dich erkennen, dass es Zeit ist, dich von allem Ballast zu trennen
- transformiert deinen Schmerz, deine Angst und deine schlechten Erfahrungen
- bestärkt dich, mit Freude in die Zukunft zu schauen

Schließe nun deine Augen und verbinde dich mental und energetisch mit den Qualitäten des Krafttieres »Phönix«, deinem persönlichen Feuervogel für deine innere Wandlung.

Dein Feuervogel befreit dich von fesselnden Umständen und alten Gewohnheiten, die dich einschränken. Du lässt hindernde Bedingungen und Verstrickungen hinter dir – du sprengst deine Fesseln.

Das Alte ist verbrannt und du erhebst dich wie der Phönix aus der Asche und fühlst dich frei, verjüngt, unbeschwert und zuversichtlich. Mit neuem Mut schwingst du dich durch die Luft. Du beginnst deinen neuen Lebensabschnitt spielerisch, neugierig und Freude kommt in dir auf. Du weißt, eine ganz besondere Zeit steht dir bevor, die dir Erfüllung bringt und dich deinen Lebensplan leben lässt.

Du fühlst dich wie neu geboren und dein Leben entfaltet sich in Wahrheit, Liebe und Frieden. Du wirst durchströmt von einem Gefühl, in dir angekommen zu sein. Dies lässt dein inneres Licht nach außen erstrahlen. Du ruhst in dir mit der Gewissheit, dass sich alles zum Guten wenden wird.

Affirmation mit dem Krafttier Phönix

Ich lasse mein inneres Licht in die Welt strahlen und dort leuchten. Mein positives Lebensgefühl wirkt transformierend auf das Herzfeuer meiner Mitmenschen.

Ich komme zu meiner wahren Größe

Mein Glaube an mich und an meine Kraft verhilft mir, über mich hinauszuwachsen und mein inneres Licht auszustrahlen.

Die Balance zwischen Aktivität und Passivität

Wenn du herausgefunden hast, was du wirklich willst und brauchst, möchtest du sicher sofort loslegen. Nimm dir dabei Zeit, um innezuhalten, damit du dich nicht verrennst oder auspowerst.

Wünschst du dir auch mehr Balance für dein Leben? Verlange nicht zu viel von dir, bleibe menschlich im Umgang mit dir selbst. Ich zeige dir im Folgenden Atemübungen, die dich schnell wieder in Balance bringen.

Wir sind Menschen: Gefühle sind das Salz in unserer Suppe. Emotional zu sein macht uns lebendig und der andere bekommt eine Idee, wer wir sind und wie wir uns verhalten. Das Leben stellt uns vor Herausforderungen, die mit Höhen und Tiefen einhergehen. Als Hauptdarsteller in unserem Lebensfilm haben wir immer neue Herausforderungen zu meistern, die dazu beitragen, dass wir uns weiterentwickeln und wachsen. In der Zuschauerfunktion bist du passiv und kannst das Leben nicht mitgestalten. Sei aktiv, wenn es nötig ist. Setze deine Kraft ein, um die Dinge voranzubringen, die dir wichtig sind. Denke aber auch daran, dich zu entspannen und auszuruhen, wenn es an der Zeit ist.

Den Weg kannst du einigermaßen entspannt beschreiten mit einer gewissen Leichtigkeit. Auf deine innere Haltung kommt es an und dass du immer wieder gut für dich sorgst. Nach aktiven Phasen braucht es eine Pause, um nicht auszubrennen. Behalte deine Grenzen und deine Energie im Auge!

Rhythmus ist das, was du brauchst, wenn du die Balance verloren hast. Rhythmus hilft dir, wieder zu dir selbst zu kommen und den Kontakt zu dir zu halten. Du kommst in Kontakt mit deinem Innenleben und deinen Gefühlen.

Mit Pranayama-Übungen zur Ruhe kommen

Die einfachste Form von Rhythmus ist das regelmäßige Ein- und Ausatmen. Dein Atem ist dein Lebenselixier. Eine Weisheit der Yogis ist: »Wer halb atmet, lebt nur halb.«

Alle Übungen zur Atemführung heißen Pranayama. Die genaue Übersetzung bedeutet »Beherrschung der Lebensenergie«. Atem ist Leben: Du nimmst auf, was du brauchst, und gibst ab, was du übrig hast: Einatmen bedeutet neue Energie aufnehmen und Ausatmen heißt loslassen und entspannen. In angespannten Situationen können wir Ängste, Sorgen und Anspannung regelrecht ausatmen.

Pranayama-Übungen

- helfen dir, Gedanken und Gefühle zu beruhigen,
- schenken mehr Ruhe, Lebensfreude, Kraft und Energie,
- stärken das Nervensystem und Immunsystem,
- massieren und stimulieren die inneren Organe,
- stärken die Aura, das Schutzfeld des Körpers, gegen negative Einflüsse.
- Je ruhiger du atmest, umso gelassener und konzentrierter kannst du dich in einer Situation verhalten.

Deine Bauchatmung bringt dich in deine eigene Mitte zurück. Je tiefer deine Atmung ist, desto ruhiger und gelassener bist du. Ein frei fließender Atem hilft dir, klarer zu denken und das Leben mit heiterer Gelassenheit zu betrachten.

Wie bewusst nimmst du im Alltag deinen Atem wahr? Dein Atem ist der Ausdruck deines Lebens. Wenn du entspannst bist, atmest du von allein tief. Wenn du dich nicht wohlfühlst oder dich gestresst und gehetzt fühlst, atmest du sehr flach. Dein Atem ist also ein wichtiger Schlüssel, dich im Alltag selbst zu steuern und in Balance zu bringen. Du kannst deinen Atem ganz gezielt einsetzen, um z. B. deinen Energielevel zu regulieren und Gefühlsregungen auszubalancieren bzw. zu harmonisieren.

Drei einfache Atemübungen für die Balance

Innere Sammlung durch die Verbindung von Herz und Bauch:

- Sitze mit aufgerichteter Wirbelsäule. Schließe die Augen, atme lange und tief durch die Nase ein und aus. Halte die Schultern und Arme möglichst entspannt.

- Bringe deine rechte Hand auf deinen Bauchnabel und deine linke Hand auf dein Herzzentrum. Nimm wahr, wie sich beim Einatmen die Bauchdecke nach vorn wölbt und beim Ausatmen deine Bauchdecke nach innen Richtung Wirbelsäule geht. Spüre, wie diese Übung dich mehr und mehr entspannt und zentriert.

Nasenlochatmung links zur Entspannung (Mondenergie):

- Verschließe mit dem rechten Daumen das rechte Nasenloch, strecke die anderen Finger hoch wie Antennen. Atme 3–5 Minuten durch das linke Nasenloch lange und tief in den Bauch hinein.

- Zur Beruhigung bei Stress, Aufregung oder Unruhe oder als wunderbare Hilfe zum Einschlafen.

Nasenlochatmung rechts zur Anregung (Sonnenenergie):

- Verschließe mit dem linken Daumen das linke Nasenloch, strecke die anderen Finger hoch wie Antennen. Atme 3–5 Minuten durch das rechte Nasenloch lange und tief in den Bauch hinein.

- Dies wirkt aktivierend.

Entspannungsreise ans Meer

Lege dich hin und lass dich in die Matte sinken, fühle dich getragen vom Boden und lass vollständig los. Achte darauf, wie dein Atem kommt und geht. Mit jedem Einatmen atme Ruhe und Entspannung ein, mit jedem Ausatmen lass alles los, was du gerade nicht brauchst. Spüre, wie dein Atem langsam seinen eigenen gleichmäßigen Rhythmus findet. Indem du deinen Atemrhythmus wahrnimmst und beobachtest, wie sich deine Bauchdecke hebt und senkt, bringt dich dies mehr und mehr zu dir selbst. Ruhe und Gelassenheit können sich in dir ausbreiten.

Mach dich bereit, auf eine Reise zu gehen. Eine Reise ans Meer, an einen wunderschönen Strand. Du spürst puderigen, weißen Sand unter deinen Füßen. Du schaust in den tiefblauen Himmel, der dir ein Gefühl von Weite und Leichtigkeit gibt. Gemächlich rollen die Wellen ans Ufer und hinterlassen kleine bunte Steine. Du spazierst entspannt am Strand entlang und die leichte Brise trägt dir die salzige Meeresluft zu. Die Geräusche des Meeres lassen dich immer tiefer entspannen und ein wohliges Gefühl breitet sich in dir aus.

Mit jedem Schritt fühlst du dich gelöster und entspannter, mehr und mehr in Harmonie mit dir selbst. Du betrachtest die Wellen, wie sie gleichförmig kommen und gehen. Und dein Blick schweift über den Horizont, sodass du bemerkst, wie drei Delfine elegant und leicht vorbeischwimmen. Du kannst nur erahnen, welches außergewöhnliche Energiepotenzial diese Delfine in sich tragen, weil sie mit der kosmischen Energie verbunden sind.

Du bewunderst die harmonischen Bewegungen der Delfine in ihrer ganz spielerischen Art. Es erinnert dich an einen Tanz und es überkommt dich ein Gefühl von Heiterkeit und Glück.

Du bemerkst, dass dir ein Delfin einen kraftvollen Energieschub gibt, sodass sich all deine Ängste einfach auflösen und sich ein Raum für Wachstum und Entwicklung in dir öffnet. Angst hat sich in Mut verwandelt und du magst dich vielleicht für diese Botschaft und tiefe Erfahrung bedanken.

Indem du dich ganz auf den Spieltrieb des zweiten Delfins einlässt, löst sich all die Trauer und Schwere, die du im Herzen trägst, fast von allein auf. Du fühlst dich als ein Teil von etwas ganz Großem, sodass die tiefe Trauer sich in Lebensfreude verwandelt. Auch bei diesem Delfin bedankst du dich für die Lektion.

Den Blick auf den dritten Delfin gerichtet, überkommt dich plötzlich Unruhe. Du verspürst eine heiße Wut in dir. Doch als sich eure Blicke treffen, verwandeln sich diese Gefühle in Kraft und Stärke. Du spürst die Fähigkeit in dir, negative Gefühle zu transformieren und aus ihnen ein enormes Kraftpotenzial zu schöpfen. Du fühlst dich innerlich ganz friedlich, ganz in dem Wissen, dass du diese Energie für deinen eigenen Lebensweg nutzen kannst. Durch die Harmonisierung und Balance deiner Emotionen verfügst du über viel mehr Vitalität und hast mehr Kraft und Klarheit für dein Leben zur Verfügung. Mit großer Dankbarkeit verabschiedest du dich auch von diesem Delfin.

Du schaust den Delfinen nach, wie sie sich entfernen, bis du sie nicht mehr sehen kannst. Du genießt die gewonnene Klarheit und Wachheit und beobachtest die Bewegungen des Meeres, die dir ganz vertraut sind. Ein Gefühl von absoluter Gelassenheit und tiefem Frieden umgibt dich und breitet sich in dir aus. Ein tiefes Glücksgefühl fließt durch dich hindurch. Du beginnst wieder langsam am Meer entlangzulaufen, in dir sind Gelöstheit und ein Freiheitsgefühl.

Mit dem Wissen, dass dies alles ein Teil von dir ist, verabschiedest du dich von deinen inneren Bildern. Die Strandlandschaft verliert ihre Konturen. Du nimmst noch einmal das Blau des Meeres und das leise Rauschen der Wellen in dir auf. Deine Gedanken schweifen noch einmal ab in deine Innenwelt. Gleichzeitig bemerkst du, wie deine Bauchdecke sich beim Atmen hebt und senkt. Du nimmst deinen Körper wieder wahr und spürst deine einzelnen Glieder auf der Yoga-Matte. Du wirst wacher und beginnst dich zu rekeln und zu strecken. Du nimmst ein paar ganz tiefe Atemzüge in dir auf. Du bist wieder ganz im Hier und Jetzt und fühlst dich wach und erfrischt. Öffne deine Augen ganz sanft …

Selbstvertrauen und Selbstliebe

Dein Selbstbild ist der Schlüssel dafür, in deine wahre Größe und Stärke zu wachsen. Du darfst mehr Vertrauen in dich und in das Leben entwickeln, damit du deine einzigartige rote Magie verströmst.

Wie wäre es, mehr Selbstvertrauen auszustrahlen und dich dabei bedingungslos anzunehmen? Dabei ist es egal, ob du ein introvertierter oder extrovertierter Mensch bist. Was zählt, ist, dass du den Mut findest, dich so zu zeigen, wie du wirklich bist. Dies erfordert deine Achtsamkeit, deine Zeit und deine Geduld, um deine alten, eingefahrenen, überholten Verhaltensweisen zu verändern. Bemühe dich, liebevoll und verständnisvoll im Umgang mit dir selbst zu sein: Dies führt dich Schritt für Schritt zum Ziel und ist die beste Straße zum Erfolg.

Lerne, deinen inneren Kritiker zu entlarven, der dich gerne verurteilt und mit anderen vergleicht. Ihm wirst du es nie recht machen können. Er wertet dich gerne ab und redet dir Schuldgefühle, Ängste und Zweifel ein.

Baue einen Thron und lade deinen inneren Unterstützer ein, Platz zu nehmen und mit dir gemeinsam liebevoll und weise zu regieren. Diese Stimme ist Balsam für deine Seele und dein Selbstvertrauen. Sie ist freundlich, warmherzig, positiv, aufmunternd, aufbauend und glaubt an dich sowie an dein gelingendes Leben.

Sich selbst neu zeigen

Entscheide dich dafür, dich ab sofort nicht kleiner zu machen, als du bist, dich selbst nicht zu begrenzen. Beginne dein eigenes Verhalten so zu verändern, wie du dich sehen willst, damit andere dich so wahrnehmen und sich dir gegenüber dementsprechend verhalten. Die Außenwelt ist wie ein Spiegel – du ziehst das an, wovon du innerlich überzeugt bist.

» *Wenn es einen Glauben gibt, der Berge versetzen kann, dann ist es der Glaube an die eigene Kraft.* « [10]

Marie von Ebner-Eschenbach

Dein inneres Mentalprogramm erschafft die äußeren Umstände. Um anderes zu ernten, braucht es eine Änderung der Verhaltensstrategie: Stelle dein Licht nicht unter den Scheffel, sondern erkenne selbst deine Stärken und zeige sie der Außenwelt. Dein Selbstbild darf sich positiv verändern und du kannst neue innere Haltungen und Überzeugungen kreieren. Du kannst schrittweise zu dem Menschen werden, der du wirklich bist. Höre auf, dein Potenzial zurückzuhalten. Zeige dich ganz!

- Wofür kannst du dich selbst loben?
- Wofür kannst du dir selbst Anerkennung zusprechen?
- Welches Kompliment möchtest du dir selbst machen?
- Wie wäre es, deine kritische Stimme hinter dir zu lassen?
- Wie wäre es, äußere kritische Stimmen einfach an dir abprallen zu lassen?

Lasse zu, dass du mehr und mehr an Selbstvertrauen gewinnst und an einem stabilen Selbstbewusstsein wächst. Wenn du dir selbst Wertschätzung schenkst, erhältst du sie automatisch im Außen. Dir geschieht ganz nach deinem Glauben. Mache dir deine Erfolge bewusst und sei stolz auf die Errungenschaften im Leben, auf die du blicken kannst. Kreiere Glaubenssätze, die deine Entfaltung und dein Wachstum unterstützen. Verbinde dich mit deiner Kraft der Zuversicht und des Mutes, um Neues in Angriff zu nehmen. Hier ein paar Beispiele:

- Ich verdiene Erfolg auf allen Ebenen.
- Ich komme spielerisch zum Ziel.
- Ich verdiene ein erfülltes und erfolgreiches Leben.

Yoga-Meditation: Mehr Selbstsicherheit

Diese Meditation hilft dir, ein gesundes Selbstvertrauen zu entwickeln. Sie wirkt zentrierend und verbindet dich mit deiner Kraft, sodass du die Herausforderungen und Aufgaben des Lebens leichter meisterst.

- Setze dich mit aufgerichteter Wirbelsäule auf einen Stuhl, beide Füße sind aufgestellt. Alternativ kannst du dich auch in den Schneidersitz setzen.

- Lege die Handflächen aneinander, die Fingerspitzen berühren sich. Lege den rechten Daumen über den linken Daumen und drücke beide Daumen tief zwischen die Hände. Halte die Unterarme parallel zum Boden und hebe die Hände so weit an, dass die nach oben weisenden Fingerspitzen sich auf der Höhe der Lippen befinden. Deine Augen sind leicht geöffnet.

Atme tief ein und singe beim Ausatmen mit gleichförmiger Stimme:

»*Har Har Har Har Hari Hari.*«

»Har« bedeutet »Kraft«. »Hari« bedeutet »schöpferischer Charakter«. Atme wieder ein und wiederhole beim Ausatmen das Mantra. Setze dies 3–11 Minuten lang fort.

Sich selbst und andere lieben

Fällt es dir auch oft schwer, dir selbst genügend Aufmerksamkeit in Form von Selbstfürsorge und Selbstliebe zu widmen? Mir selbst fällt es leichter, andere zu nähren als mich selbst. Dabei ist es so wichtig, dass wir zuerst uns selbst nähren, damit wir in unserer Kraft bleiben und aus einem Zustand der Fülle geben. Die gute Nachricht: Selbstzuwendung lässt sich lernen! Ich mache das, indem ich »meine innere Freundin« aktiviere. Diese innere beste Freundin steht mir tröstend zur Seite, wenn etwas nicht so klappt, wie ich es mir vorgestellt habe, oder wenn ich Frust schiebe. Sie zeigt mir die Rote Karte, damit ich nach einer langen Phase von Aktivität und Konzentration auch mal eine Pause mache. Ich bin eine Meisterin im Funktionieren. Mein innerer Antreiber »Streng dich an!« ist stark ausgeprägt, was ein Segen sein kann, aber auch oft dazu führt, dass ich meine Belastungsgrenzen überschreite.

Kraftquellen finden

Deshalb übe ich gerne täglich Yoga oder Qigong, weil ich hierbei meinen Akku fülle und merke, es tut mir richtig gut: Es verleiht mir Gelassenheit und innere Stärke. Über das bewusste Spüren meines Körpers bekomme ich die Verbindung nach innen zu meinen wahren Bedürfnissen. Ich komme in Kontakt mit meinen Wünschen durch die Anbindung an mein Herz und an meine innere Stimme. Auch Shakti Dance (getanztes Yoga zu mantrischer Musik) hilft mir, meine Seele auszudrücken – spielerisch, fließend und befreiend mit der spirituellen Tiefe des Yoga, um meine innere Göttin zu erwecken.

Ich ermutige dich, dir auch eine Kraftquelle zu suchen, die Körper, Geist und Seele nährt. Du findest so viele Angebote. Lasse dich von innen führen und finde auch du »deine Oase der Ruhe und Kraft«.

Den Druck herausnehmen

Auf meinem Weg zur Selbstliebe habe ich meine Antreiber entschärft. Sie alle waren bei mir auf einem hohen Niveau aktiv. Die Antreiber motivieren mich, geben mir Kraft zum Handeln und erhöhen auch meine Leistungsbereitschaft – der Nachteil: Sie machen mir viel Druck. Ich habe gelernt, weicher mit mir umzugehen und mein Ziel sanfter zu erreichen, wenn ich auf meine Bedürfnisse achte und mein Selbstmanagement gelassen ist.

Bringe mehr Selbstliebe, Entspannung und Entschleunigung in dein Leben, indem du deine inneren Antreiber erkennst und zügelst. Die Erlaubnissätze schaffen Weite und Entspannung.

Verändere dein Verhalten aus Selbstliebe zu dir

Dein Antreiber	Wirkung	Dein Erlaubnissatz
Streng dich an!	Aktionismus	Ich darf auch mal Pause machen.
Sei immer stark!	Schwächen-Abblocker	Ich darf auch mal schwach sein.
Sei perfekt!	Perfektionismus	Ich darf fünf gerade sein lassen.
Sei immer schnell!	Gehetztsein	Ich arbeite in meinem Rhythmus.
Sei für alles zuständig!	Überverantwortlichkeit	Ich grenze mich gesund ab.
Sei immer lieb!	Harmoniebedürfnis	Ich stehe für mich ein.
Sei immer der/die Beste!	Bewunderungssucht	Ich bin gut, so wie ich bin.
Habe alles im Griff!	Kontrollzwang	Ich darf Aufgaben delegieren.
Sei immer unabhängig!	Autonomiedrang	Zusammenarbeit tut mir gut.

Selbstliebe ist wesentlich für dein glückliches, erfülltes, authentisches Leben: Sie ist einer der Schlüssel, um selbstbestimmt und erfolgreich deinen Weg zu gehen. Sie ermöglicht eine gute Verbindung zu dir selbst und zu anderen. Deine Fähigkeit zur Selbstliebe zeigt sich in deinen Gefühlen, Gedanken und Handlungen. Je mehr du dich liebst und achtest, desto positiver ist der Umgang mit dir und deinem Umfeld. Die daraus resultierenden Gedanken und Gefühle verändern sich ebenfalls konstruktiv. Liebe und Selbstliebe fließen in dir und zu anderen Menschen. Die Lebensqualität und Vitalität steigen deutlich. Staune, was sich in dir und deinem Leben entfaltet, wenn Liebe in deinem Leben fließt!

Yoga-Set: Selbstliebe, Teil 1

Bei dieser Übung segnest du dich auf mentale und hypnotische Weise selbst. Dieses Selbstsegnen beeinflusst und korrigiert das magnetische Feld um dich herum (deine Aura).

- Sitze im Schneidersitz oder auf einem Stuhl mit gerader Wirbelsäule und halte die rechte Handfläche ungefähr 15–20 cm über die Mitte deines Kopfes. Die Hand zeigt nach unten und segnet dich.

- Der linke Ellbogen ist angewinkelt, der Oberarm ist dabei ganz nahe am Brustkorb. Dein Oberarm und deine Hand zeigen nach oben. Die linke Handfläche weist nach vorn und segnet die Welt.

- Die Augen sind geschlossen und schauen von innen nach unten auf das Lunar-Zentrum in der Mitte des Kinns.

- Deine Atmung ist lang, langsam und tief verbunden mit einem Gefühl der Selbstzuneigung. Versuche, nur 1-mal pro Minute zu atmen: 20 Sekunden einatmen, 20 Sekunden halten, 20 Sekunden ausatmen.

- Beginne mit 3–5 Minuten. Du kannst die Zeit bis auf 11 Minuten ausdehnen. Du schließt die Übung ab, indem du tief einatmest und beginnst, dich langsam zu bewegen. Dann kommst du direkt in die zweite Übung.

Yoga-Set: Selbstliebe, Teil 2

Diese Übung wirkt wohltuend für den Bereich zwischen Nacken und Nabel. Sie öffnet dein Herz-Zentrum und gibt dem Herzen Kraft.

- Strecke deine beiden Arme gerade vor dir aus, sie sind parallel zum Boden und die Handflächen zeigen nach unten. Strecke sie kraftvoll aus.

- Deine Augen sind geschlossen und auf das Lunar-Zentrum in der Mitte des Kinns gerichtet. Dein Atmen ist lang, langsam und tief.

- Führe diese Übung 1–3 Minuten lang aus.

- Zum Abschluss atmest du tief ein und begibst dich langsam und direkt in Position für die dritte Übung.

Yoga-Set: Selbstliebe, Teil 3

Diese Übung schenkt dir sowohl eine starke Rückenmuskulatur als auch eine innerliche und äußerliche Aufrichtung.

- Strecke die Arme gerade nach oben. Die Handflächen zeigen nach vorn, die Ellbogen sind gestreckt. Deine Augen sind geschlossen und auf das Lunar-Zentrum in der Mitte des Kinns gerichtet. Der Atem wird lang und langsam. Setze diese Übung für 1–3 Minuten fort.

- Schließe die Übung ab, indem du einatmest, den Atem für 10 Sekunden anhältst, während die Arme weiterhin nach oben gestreckt sind.

- Versuche, dich so weit zu strecken, dass das Gesäß sich hebt, und ziehe alle Muskeln im Körper zusammen. Atme aus. Wiederhole diese Sequenz noch 2-mal.

Mein inneres Licht entzündet auch andere

Das Geheimnis einer positiven Ausstrahlung ist simpel. Auch du kannst das »gewisse Etwas« verkörpern! Sei »echt und authentisch«: Deine Aura sollte Zufriedenheit mit dir und deinem Leben verströmen.

Der andere möchte spüren, dass du dich selbst magst. Mit deiner positiven Ausstrahlung knüpfst du leichter neue Kontakte und öffnest neue Türen, wo vielleicht Mauern waren.

Wie kannst du mit deiner ganz individuellen Persönlichkeit überzeugen und dich aus der Masse herausheben? Was zeichnet dich aus und macht dich besonders? Deine Wirkung nach außen hat auch stark damit zu tun, was du von deinen inneren Werten und Qualitäten bereit bist nach außen zu zeigen. Falls du jemand bist, der Understatement liebt, ist es auf der einen Seite ein schönes entspanntes Leben für dich. Aber damit zeigst du dich weder ganz noch mit deinem wahren Potenzial. Das Umfeld braucht dann länger, um dich einzuschätzen und kennenzulernen. Vielleicht traut man dir dadurch weniger zu. Aber wenn es dein Weg ist, ist es authentisch.

Ich zeige, was in mir steckt

Falls du bereit bist, dich mehr zu zeigen: Es gibt die Macht des ersten Eindrucks. Deine Offenheit, dein Kleidungsstil, dein Auftreten, deine Körperhaltung, deine Stimme, dein Blickkontakt zu anderen, dein ehrliches Interesse an deiner Umgebung, deine Empathie, dein aktives Zuhören, dein freundliches, sympathisches Auftreten können für dich sprechen. Du entscheidest, woraus dein persönlicher Cocktail für mehr Ausstrahlung besteht. Vielleicht fügst du eine Portion Persönlichkeit, Optimismus, positive Gedanken, Humor, Präsenz, Selbstbewusstsein und Authentizität dazu. Um dies natürlich aus dir herausfließen zu lassen, brauchst du die Anbindung an dich. Außerdem muss es aus deiner persönlichen Quelle sprudeln. Eine wichtige Voraussetzung kannst du mit dieser Frage klären:

Bin ich gerade wirklich in Kontakt mit mir?

Denn wenn du mit dir eins bist, präsent und im Hier und Jetzt wirklich da bist, ist eine rote Magie im Raum. Du bist in Kontakt mit dir und deiner Kraft und verströmst dies nach außen. Der Kontakt zu anderen kann dann ganz natürlich fließen und die Energie fließt dann hin und her in den persönlichen Begegnungen. In der Unterhaltung positive Gefühle für sich und den Gesprächspartner zu kreieren ist sehr machtvoll. Du gewinnst durch deine Begeisterung, Freude und dein Charisma. Wenn du dein inneres Leuchten und Feuer verschenkst, erwärmst du mit deiner Flamme die Herzen der anderen und dein Lichtfunke springt auf die andere Person über, die dann auch ihr Licht zeigt. Gemeinsam strahlt ihr heller. Was fällt dir noch ein, was gut ankommen könnte? Du entscheidest, was du brauchst, um dich wohlzufühlen und als wahrhaftig wahrgenommen zu werden. Für mich gibt es nichts Überzeugenderes, als natürlich, echt und wahrhaftig zu sein. Das ist für mich viel weniger stressend … Mute dich den anderen zu, so wie du bist. Verzaubere so deine Umgebung! Sonst passen die Menschen nicht zu dir. Und suche dir Begegnungen, wo es leicht geht, wo eine positive Resonanz auf beiden Seiten ist.

Gestalte aktiv dein Leben! Öffne dich Menschen, Situationen und Umgebungen, die dir guttun und dich unterstützen. Ganz wie von selbst wirst du deine wahre Größe und dein inneres Strahlen zeigen, weil du entspannt bist und die wohlwollende Art der Begegnung spürst, die ganz natürlich dein persönliches Wachstum fördert.

Traue dich und sieh die gesamte Bandbreite der Möglichkeiten, die dir zur Verfügung stehen. Spüre, was dich trägt und was du brauchst für dein authentisches, von innen strahlendes Sein.

Yoga-Meditation: Eine starke Aura und Ausstrahlung

Diese Übung baut die Aura auf. Es ist empfehlenswert, die Meditation morgens oder abends zu machen.

Bewegungsanweisung:

- Setze dich mit aufgerichteter Wirbelsäule auf den Stuhl oder in den Schneidersitz. Hebe die angewinkelten Arme vor dem Brustkorb parallel zum Boden, lege die rechte Hand auf die linke, die Handflächen zeigen nach unten und der rechte Daumen liegt über dem linken Daumen.

- Halte die Hände knapp über das Herzzentrum, vor deiner Brust. Die Ellbogen zeigen nach außen, aber die Arme berühren den Körper nicht.

- Deine Augen sind leicht geöffnet, während du das folgende Mantra mit monotoner Stimme kontinuierlich 11 Minuten lang sprichst:

»*Har Har Har Har Hari Hari.*«

- Ziehe den Nabelpunkt bei jedem Wort kraftvoll nach innen, Richtung Wirbelsäule. Die Atmung reguliert sich von selbst. Sprich die Silben klar und vollständig aus und konzentriere dich auf den Klang des Mantras.

Lebenslust und Vitalität

Eine offene, positive Haltung und Einstellung zum Leben schaffen Lebensfreude und Lebenslust: Dies wirkt auf andere beschwingend, erhebend und belebend.

Lebensfreude wirkt ansteckend. Der Funke springt auf unsere Mitmenschen über und löst eine Kettenreaktion aus: Die Freude verbreitet sich wie ein Lauffeuer. Es schafft etwas Verbindendes: vom freudvollen Ich zum freudvollen Wir, vom Einzelbewusstsein zum Gruppenbewusstsein. Gemeinsam können wir mehr erreichen sowie im Miteinander Unterstützung und Halt finden. Erschaffe dir ein stabiles Netz an Gleichgesinnten, die in guten und in schlechten Zeiten füreinander da sind.

Die Freude teilen

Wir Menschen sind soziale Wesen – wenn wir Dinge gemeinsam tun, bringt es uns eine Verbundenheit. Gemeinsam verbrachte Zeit mit viel Freude, Lachen und Ausgelassenheit ist unglaublich viel wert. Ich selbst fühle mich mit mehr Freude in meinem ganzen Sein, wenn ich mehr erlebe und diese Glücksgefühle mit anderen teilen kann, ganz nach dem Motto: weniger besitzen, mehr erleben. Entscheide auch du dich für das Erleben und Leben, für mehr Lebenslust und Lebensfreude!

Erinnere dich an 5 besondere Erlebnisse mit Freunden, die dein Herz noch lange erwärmt haben! Schreibe Sie auf und spüre, wie diese Freude in dein Herz zurückkehrt!

Energie-Übung: Mit der Farbe Rot tanzen

Wähle ein kraftvolles Lied aus, das dich zum Tanzen einlädt und dich innerlich beschwingt. Lasse dich auf die Musik und den Rhythmus ein.

Spüre deinen Körper und lasse ihn einfach machen, einfach lostanzen und sich bewegen. Bringe deine Gedanken und deinen Verstand zur Ruhe. Tanze immer kraftvoller und nimm wahr, wie du mit der Power-Farbe Rot verschmilzt.

Bewegte Rhythmen bringen dein Feuer und deine Energien zum Ausdruck und laden dich ein, dich im Tanz ganz zu zeigen und Dynamik in dir aufzubauen. Spüre dein inneres Feuer und verkörpere durch deine Bewegungen diese Feuerkraft. Steigere dich und versuche »die Vulkankraft« in dir zu wecken. Sowohl die Glut der Lava als auch die Asche nachher nähren dein Herzensfeuer.

Du bist ganz im Hier und Jetzt. Dadurch kannst du deine Gefühle und Intuition wahrnehmen und im Tanz deine innere Kreativität und deine inneren Bewegungsimpulse ausdrücken. Finde deine einzigartige Weise, dich im Tanz zur Melodie und zum Beat auszudrücken. Es gibt kein Richtig oder Falsch. Alles ist möglich und darf sein! Fühle dich frei, ganz du selbst zu sein im Tanz.

Genieße deinen eigenen Rhythmus und deine aus dir fließenden, individuellen Bewegungen im »Tanz mit dir«! Werde immer mutiger im Experimentieren von Bewegungen! Lass es mehr und mehr zu deinem Tanz der Lebensfreude werden.

Im Einklang mit dem Leben fließen

Im Yoga wird der Mensch in verschiedene Energiezentren (Chakren) unterteilt, in denen unendlich viel Energie ruht, ähnlich einer Blüte, die in der Knospe eingeschlossen ist. Erwecke deine Chakren-Energie und dein enormes Energiepotenzial! Jedes Chakra besitzt spezielle Eigenschaften.

Neben dem Aufnehmen von Energie dienen die Chakren auch als Speicherzentren für die Erlebnisse, die uns emotional, physisch und spirituell beeinflussen. Wenn deine Chakren-Energie ausbalanciert ist, bist du im Fluss. Du fühlst dich lebendig, vital und energiegeladen. Ein ausbalanciertes Wurzelchakra z. B. zeigt sich in einem geerdeten Gang. Wenn deine Energie in einem Chakra blockiert ist, fühlst du dich möglicherweise ausgebremst und dir fehlt Lebensenergie.

Den verschiedenen Energiezentren (Chakren) werden bestimmte Lebensthemen zugeordnet. So kann man ganz fokussiert an den aktuellen Themen arbeiten. Dies kann in Form einzelner Asanas (Übungen), Sets oder Kriyas (Übungsreihen), Mudras (Handgesten), Mantras (wörtlich übersetzt »Schutz des Geistes vor negativen Kräften«) oder Meditationen (Ziel: das Denken zum Schweigen zu bringen) geschehen.

Dein Leben ist in deinen Chakren! Lasse dein Leben erblühen: Balanciere es aus, stimme und programmiere es neu. Vielleicht fühlst du dich von einer Farbe oder einem Mantra magisch angezogen.

Das Herzchakra ist das Tor zu deiner Spiritualität. Die direkteste Verbindung zu deiner wahren Identität ist dein Herz, da es die Welt »erfühlt« und nicht »erdenkt«. Dein Herz ist dein intuitiver Führer zu deinem Selbst. Wenn du die Welt durch dein Herz erlebst und wahrnimmst, offenbart sich dein wahres Sein ganz natürlich und direkt.

Ich lade dich ein, dein Leben in seiner ganzen Fülle zu erleben. Verbinde dich neben der Power-Farbe Rot auch mit den anderen Chakren-Farben und lass diese Kräfte ebenfalls in dich einströmen. Öffne dich dafür! Farben wecken Gefühle, sie stimulieren den Geist und beleben den Körper. Mit der Energie der Farbe kannst du völlig neue Seiten an dir entdecken. Sei offen, diese zu erforschen. Lass dein Leben ganz bunt werden und leuchten wie der Regenbogen, dessen Farben ja auch die Chakren-Farben sind.

Die nachfolgende Chakren-Reise bringt blockierte Energie wieder ins Fließen und harmonisiert deinen Energiefluss.

Übersicht über die Chakren

Chakra	Farbe	Mantra	Lebensthemen
Wurzelchakra	Rot	Lam	Standfestigkeit und Urvertrauen, Akzeptanz
Sakralchakra	Orange	Vam	Lebensfreude, Kreativität, Sexualität
Nabelchakra	Gelb	Ram	Selbstvertrauen, Mut und Kraft, Entschlossenheit
Herzchakra	Grün	Yam	Liebe, Mitgefühl, Selbstfürsorge, Frieden
Kehlchakra	Blau	Ham	Ausdrucksfähigkeit, Wahrheit, Kommunikation
Stirnchakra	Indigoblau	Om	Intuition, inneres Wissen, Visualisierung
Kronenchakra	Violett	Om	Anbindung an das spirituelle Ich, Licht und Leichtigkeit
Aura	Weiß	Om	Sicherheit und Schutz, Ausstrahlung

Energie-Übung: Das Feuer meiner 8 Chakren nähren

Lege dich hin und entspanne dich. Lass deinen Atem ruhiger und tiefer werden. Schließe deine Augen und lenke deine Aufmerksamkeit in deinen inneren Raum. Ein harmonischer Kreislauf der Lebenskraft hüllt dich in ein helles Licht ein. Öffne dich der Quelle allen Seins. Fühle dich wie ein Baum zwischen Himmel und Erde. Mit den Füßen bist du mit der Erde verbunden, mit dem Kopf öffnest du dich zum Himmel. Dein Lichtkörper spannt sich wie ein Regenbogen zum göttlichen Sein und blockierte Stellen in deinem Regenbogenlicht werden jetzt langsam durch feinstes, strömendes Licht aufgelöst. Betrachte nun aufmerksam deinen Körper und deine 8 Chakren.

Kronenchakra
Anbindung an das
spirituelle Ich
Licht und Leichtigkeit
Wurzelchakra
Standfestigkeit und
Urvertrauen
Akzeptanz
Stirnchakra
Intuition
inneres Wissen
Visualisierung
Sakralchakra
Lebensfreude
Kreativität
Sexualität
Kehlchakra
Ausdrucksfähigkeit
Wahrheit
Kommunikation
Nabelchakra
Selbstvertrauen
Mut und Kraft
Entschlossenheit
Herzchakra
Liebe
Mitgefühl
Selbstfürsorge
Frieden

Deine Chakren-Reise beginnt an deinem *Wurzelchakra*, das dein Fundament ist. Es liegt am Ende des Steißbeins. Stelle dir dort die Farbe Rot vor. Die Energie des Wurzelchakras unterstützt dich, dich von der Mutter Erde und vom Leben versorgt zu fühlen, deinen Platz im Leben zu finden, dich willkommen und sicher zu fühlen und dein Leben mit Vertrauen und Freude zu meistern.

Wandere hoch zum *Sakralchakra*. Es liegt im Beckenbereich wenige Finger breit unter dem Bauchnabel. Stelle dir dort die Farbe Orange vor. Hier ist deine schöpferische Lebenskraft zu Hause. Öffne dich für deine kreative Energie und wecke deine Lust und Lebensfreude, deine Lebensbejahung und deinen Optimismus. Lasse zu, dass deine Beziehungen zu anderen Menschen nährend sind, und entdecke die Fülle in dir.

Der Sitz deines *Nabelchakras* ist der Nabelpunkt. Von dort fließt die Farbe Gelb und hütet deine innere Flamme, die dich befähigt, selbstbewusst deinen eigenen Weg zu gehen, an dich selbst zu glauben und dich durchzusetzen. Du spürst die Kraft in dir, mutig, geduldig und mit Ausdauer deine eigenen Träume in die Welt zu tragen. Dein Feuer schenkt dir Wärme und Licht, du verströmst deine

Feuerenergie auch nach außen. Du genießt deine Tatkraft und Durchhaltekraft, die dir Wachstum und Expansion bringen und dich deine Visionen umsetzen lassen.

Lass dein *Herzchakra* in der Brustmitte erwachen und verbinde dich mit der Farbe Grün. Öffne dich, Liebe zu geben und zu empfangen. Du bist in Kontakt mit deinen wahren Gefühlen und Bedürfnissen. Du strahlst Liebe, Menschlichkeit, Wärme und Offenheit aus. Du begegnest dir und anderen mit Anteilnahme und Fürsorge. Du lebst und handelst in Anmut und Würde aus deinem Herzen heraus im Einklang mit dem Fluss des Lebens und nimmst die Geschenke des Lebens an.

Bringe deine Aufmerksamkeit zu deinem *Kehlchakra*, es befindet sich im Hals auf Höhe der Kehle. Stelle dir dort die Farbe Blau vor. Entfalte deinen kreativen Selbstausdruck und deine Kommunikation. Du artikulierst dich voller Selbstvertrauen und drückst deine eigenen Gefühle aus. Du zeigst dich, wie du wirklich bist, und vertrittst deine eigene Meinung. Deine Worte kommen aus dem Herzen und erreichen die anderen, weil sie von Ehrlichkeit und Wahrhaftigkeit geprägt sind. Deine Bewusstheit wächst und du gelangst zu Authentizität.

Wandere hoch zum *Stirnchakra* und stelle dir am Sitz des 3. Auges, dem Punkt zwischen deinen Augenbrauen, die Farbe Indigoblau vor. Verbinde dich mit deiner Intuition und vertraue deiner inneren Führung. Entdecke deine persönliche Vision, öffne dich für deine Bestimmung im Leben. Erkenne die tiefere Bedeutung von Erlebnissen. Dein tiefes inneres Wissen zeigt dir die notwendigen Schritte und wohin dein eigener Weg führt, um im Einklang mit dir und einer größeren Ordnung zu leben.

Dein *Kronenchakra* mit Sitz am Scheitelpunkt des Kopfes strahlt für dich in der Farbe Violett. Öffne dich dafür, dass sich deine Energien anheben und sich dein

Kronenchakra öffnet, und bringe dann die göttliche Energie zurück zur Erde, denn dort lebst du. Dein Platz ist auf der Erde. Fühle dich heil, ganz und eins mit deiner eigenen Seele. Werde Lichtträger! Inspiriere und nähre andere ebenfalls mit deiner Energie. Sei der Leuchtturm!

Stelle dir beim Einatmen vor, wie dein 8. Chakra, *deine Aura*, sich um dich herum ausdehnt und sich mit Energie aus der Unendlichkeit auflädt. Visualisiere dein elektromagnetisches Feld als weißes Licht, das deinen Körper mit strahlendem Glanz umhüllt. Deine Aura ist wie ein Schutzfeld um dich herum und dient dir als Filter und lässt nur das zu dir, was die Frequenz von Liebe und Licht hat, und projiziert deine wahre Natur in die Welt hinaus.

Du bist ein Teil des großen Ganzen. Der Lichtkreislauf geht von der Erde zum Himmel und vom Himmel zur Erde zurück. Spüre die göttliche Energie, die sich in dir entfalten möchte, und sei verbunden mit deiner göttlichen Kraft in dir: Deine lichtvolle und liebevolle Energie möchte nach außen strahlen. Spüre dein inneres Feuer und dein inneres Licht. Dehne mit jedem Einatmen dein Licht und dein Bewusstsein aus.

Meine Kraft aus der Mitte

Wenn du dich auf den Weg gemacht hast, dich selbst und deine Vision vom Leben zu verwirklichen, kann es Anstrengungen geben, die über deine Kräfte gehen. Besinne dich dann auf deine Kraft-Quellen.

In vielen Kulturen gilt unsere Körpermitte als Zentrum der (inneren) Kraft: »Dantien« heißt sie in China, »Hara« in Japan, indische und internationale Yogis nennen das Energiezentrum um den Nabel »Manipura-Chakra«, wörtlich übersetzt »die Stadt der schimmernden Juwelen«.

Eine starke Mitte als Basis

Deine Mitte ist das Zentrum in deinem Inneren, das für deine seelische, geistige und körperliche Balance zuständig ist. Kennst du das Gefühl, in deiner Mitte zu sein und dich geerdet und ausgeglichen zu fühlen? Erkenne, was und wer dich aus der Bahn wirft und dein Gleichgewicht ins Schwanken bringt.

Lerne, in deine Mitte zurückzufinden und dein Gleichgewicht zu halten!
Viele Gründe sprechen für eine Stärkung deiner Körpermitte, aus der deine Kraft entspringt. Körperlich gesehen, beugst du so effektiv Rückenschmerzen vor, die oft aus einer schwachen Mitte resultieren, gleichzeitig erhöhst du dein Kraft- und Energiepotenzial. Auf der seelischen Ebene hilft dir eine stabilisierte Körpermitte, deinen Selbstwert zu erhöhen, dir mehr zuzutrauen und mehr in dir zu ruhen: Dein Rückgrat wird gestärkt und du

fühlst dich den Herausforderungen des Lebens besser gewachsen.

Wenn du in deiner Mitte bist, hast du ein gutes Gespür dafür, was zu dir gehört und passt – und was nicht. Im Alltag zeigt sich dies darin, dass du dich nicht mehr verbiegen lässt: Du achtest deine Grenzen und Bedürfnisse und vertrittst deinen Standpunkt. Du bleibst dir treu und bist dabei kraftvoll, authentisch und selbstbewusst. Leben aus deiner Mitte bedeutet, dass du deinen individuellen Weg in Klarheit, Kraft und Selbstbestimmung gehst.

Zeiten der Veränderung lösen starke Emotionen aus und bewegen uns innerlich sowie äußerlich ganz stark. Da gilt es, immer wieder die innere Mitte zu finden. Sich zu verändern kostet Kraft und erfordert, dass du dich innerlich stark fühlst. Für mehr konsequentes Umsetzen deiner Vorhaben zapfe deine Kraft aus der Mitte an! Eine gesammelte Mitte gepaart mit innerer Entschlossenheit, lässt dich zielsicher den Weg beschreiten. Wenn es dann noch kleinere oder größere Hindernisse zu überwinden gibt, brauchst du die Durchhaltekraft aus deinem Nabelzentrum, deinem persönlichen Willenszentrum im Sonnengeflecht.

Zu deinem Ziel oder zu deiner Vision tragen dich:

- deine aktivierte Kraft von nicht aufzuhaltender Entschlossenheit und
- deine zum Fließen gebrachte Durchhaltekraft.

Ein beliebtes Kundalini-Yoga-Mantra ist »Keep up!«. Diese innere Haltung zu kultivieren gibt enorme Kraft, sein Ziel im Fokus zu halten, und Zuversicht, dass es gelingen wird. Kundalini Yoga gibt dir die mentale Stärke, den Erfolg nach Hause zu tragen.

Wenn du in deiner Mitte ruhst, im Gleichgewicht bist, erkennst du deinen Platz innerhalb des Ganzen. Dieser Zustand lässt dich erkennen, dass du zur rechten Zeit an deinem rechten Platz innerhalb des Ganzen bist. Mit dieser innerlichen Bestärkung können Entschlossenheit und Durchhaltekraft leicht fließen. Mit dem positiven Gefühl: Du bist auf dem richtigen Weg. Du lebst authentisch aus deiner Mitte heraus und schöpfst aus deiner eigenen Tiefe.

Yoga-Übung: »Sat Kriya«

»Sat Kriya« ist eine grundlegende Übung im Kundalini Yoga und ein in sich vollkommenes, vollständiges Kriya. Es wird empfohlen, sie täglich für 3–5 Minuten zu praktizieren. Diese Übung aktiviert dein Nabelchakra und stimuliert deine Lebensenergie. Es schafft eine Verbindung zur ursprünglichen Quelle deiner Kraft im Nabelzentrum.

Bewegungsanweisung:

- Setze dich auf die Fersen und strecke beide Arme über den Kopf. Die Ellbogen sind gerade, die Oberarme berühren möglichst die Ohren. Die Augen sind geschlossen, das Kinn ist eingezogen.

- Verschränke die Finger deiner beiden Hände ineinander mit Ausnahme der Zeigefinger, die gerade nach oben weisen. Sage »Sat« und ziehe den Nabelpunkt stark ein: so weit wie möglich in Richtung Wirbelsäule. Dann sage »Nam« und entspanne deine Bauchmuskulatur.

- »Sat Nam« bedeutet »meine wahre Identität«. Du nutzt die Kraft deiner inneren Wahrheit. Du darfst das göttliche Licht anzapfen, dich mit dem Licht verbinden, das dich führt. Licht, das in dir ist. Licht, das in jedem und für jeden existiert.

Abschluss:

- Atme ein und ziehe alle Muskeln des Beckenbodens, alle Muskeln um den Nabel herum sowie alle Muskeln rechts und links der Wirbelsäule zur Wirbelsäule hin.

- Du erlaubst der Energie gedanklich, bis zum höchsten Punkt im Kopf zu fließen. Atme aus und entspanne dich.

Ich zeige mich ganz und mein Leben erblüht

Wenn ich meinem Herzen und meiner inneren Stimme folge, öffnen sich neue Türen wie von allein und ich bringe Magie in mein Leben.

Ich erkenne meine Einzigartigkeit

Erlaube dir, deine wahre Größe zu erkennen und zu leben. Berühre andere mit deinem inneren Strahlen! Zeige deine charismatische Kraft, die von innen kommt und nach außen leuchtet!

Ich rolle dir den roten Teppich aus und gebe dir die Ehre. Du kannst dir die Bühne nehmen und sie mit deiner ganzen Kraft ausfüllen. Ich glaube an dich und an deine Einzigartigkeit. Neben mir sind so viele Menschen, die dich wohlwollend und wertschätzend anschauen.

Eine erneute Standortbestimmung

Du erkennst, wer du wirklich bist und wer du nicht mehr sein willst. Deine innere Klarheit signalisiert auch, wo du nicht mehr zur Verfügung stehst. Gehe in die Tiefe und verinnerliche deine Erkenntnisse. Verankere die damit gewonnene neue Kraft.

Es ist eine gute Gelegenheit, dir selbst wesentliche Fragen zu stellen:

- Wer bin ich und wer will ich (nicht mehr) sein?
- Wer bin ich in einem Satz? Was zeichnet mich aus?
- Worauf kann ich stolz sein?
- Wo warte ich noch auf eine Erlaubnis, die ich mir nur selbst erteilen kann?
- Wie würden mich meine 3 besten Freunde beschreiben?
  Was ist es, das an mir besonders ist?
- Mit was verbringe ich meine Lebenszeit am liebsten?

- Was fällt mir leicht und bringt mir sehr viel Freude?
- Wo erlebe ich Flows und vergesse Zeit und Raum?
- Welche 3 Werte sind mir besonders wichtig?
- Wie will ich leben und arbeiten? Wie kann mir das Stück für Stück mehr gelingen?
- Was würde ich gerne tun, wenn ich wüsste, dass ich nicht scheitern kann?

Du hast dich in der Zwischenzeit in deinem Inneren verändert und dich weiterentwickelt bzw. dein wahres Sein kommt mehr und mehr zum Vorschein und beginnt, dein Umfeld zu verzaubern. Vielleicht noch zaghaft, aber die Kraft ist spürbar und spürbar ist auch, dass es nicht mehr aufzuhalten ist.

Ganz nach dem Motto »So wie im Innen, so im Außen!« nimmst du Veränderungen in der Interaktion mit deinem Umfeld wahr. Du bist nicht mehr bereit, alles zu akzeptieren, und stehst für dich ein. Du handelst aus deinem inneren Empfinden mit weiser Instanz und im Einklang mit dem, was sich für dich »stimmig« anfühlt. Die Außenwelt kann dich nicht mehr so leicht beeinflussen. Mit einer Haltung von mehr Gelassenheit lässt du alles in Ruhe auf dich wirken, gönnst dir einen Augenblick der Momentaufnahme. Du nimmst dir den Raum, den du brauchst – sowohl zeitlich als auch räumlich.

Mein königliches Ich

Du beschreitest den roten Teppich wie ein(e) König(in). Deine Körperhaltung ist jetzt aufrechter und würdevoll. Du nimmst deine eigene Macht auf positive Weise an. Du nimmst deinen Platz im Leben wirklich ein. Du kannst dich zeigen, wie du bist, denn deine Ausstrahlung ist einzigartig. Du brauchst dich nicht zu verstecken, auch wenn es sich noch ein wenig ungewohnt und neu anfühlt. Du wächst da ganz hinein und füllst den Platz mehr und mehr vollständig aus.

Du bist ein fairer Regent: sanft und klar. Du genießt Vertrauen und wirkst konstruktiv: Du und die anderen merken, es dient dir und dem Ganzen. Das ist die positive, rote Magie, die in dir wirksam geworden ist und die du bei anderen entfachen möchtest. Andere nehmen dich in einem anderen Licht wahr! Zeige der Welt deine Einzigartigkeit. Du wirst gebraucht in dieser Welt mit deinen Talenten und Gaben. Genau so, wie du bist.

Herz-Meditation

● Nimm dir Zeit für dich, in der du ungestört sein kannst. Nimm eine bequeme Position ein. Lasse den Atemstrom ungehindert durch dich hindurchfließen. Schließe deine Augen und komme mit jedem Atemzug mehr und mehr bei dir an. Komme vom Kopf ins Herz und lasse dich aus deinem denkenden Verstand in den Raum deines Herzens sinken.

● Lasse deine Aufmerksamkeit in deinen Brustraum wandern, in deinen Herzbereich. Lege die linke Hand auf dein Brustbein und die rechte Hand darüber. Nimm Kontakt zu deinem Herzen auf. Fühle, wie daraus Wärme, Mitgefühl und Liebe für dich selbst ausstrahlen. Schenke dir selbst Schutz, Liebe und Geborgenheit.

● Stelle dir vor, dass dein Herz Wärme durch deinen gesamten Körper strahlt. Du fühlst dich mit dir im Reinen. Du bist ganz still und entspannt. Du genießt die Ruhe und dein Sein. Du bist bei dir selbst angekommen. Spüre Liebe, Frieden und Weite in deinem Herzen.

»Meine-innere-Sonne«-Meditation

- Nimm eine bequeme Position ein, egal ob stehend, sitzend oder liegend. Lasse den Atem ungehindert durch dich fließen. Schließe deine Augen und komme mit jedem Atemzug mehr und mehr bei dir an.

- Bringe deine Aufmerksamkeit in deine Körpermitte und stelle dir dort ein helles Licht vor, das sich immer mehr ausbreitet – wie eine goldene Lichtkugel, die immer größer wird. Es ist deine innere Sonne, die dich wärmend und liebevoll durchströmt. Ihr Licht durchströmt jede Zelle deines Körpers, jeden deiner Gedanken und alle deine Empfindungen.

- Spüre, wie es aus deiner Mitte jeden Teil deines Daseins erhellt. Du badest in diesem Licht, das dich wie eine goldene Kugel umgibt. Dein inneres Licht breitet sich immer mehr aus und wird heller und heller. Dein Licht strahlt unendlich weit und dehnt sich noch weiter aus. Du fühlst diese unendliche Weite in deinem Geist und in deinem Bewusstsein. Bleibe eine Weile in dieser lichtvollen Energie.

»Meine-innere-Stille«-Meditation

Nimm dir Zeit für dich, in der du ungestört sein kannst. Nimm eine bequeme Sitzposition ein, die angenehm für dich ist. Lasse den Atemstrom ungehindert durch dich hindurchfließen. Schließe deine Augen und komme mit jedem Atemzug mehr und mehr bei dir an.

Lasse deinen Atem sich vertiefen und den Atem langsam ein- und ausströmen, es stellt sich ein natürlicher Atemrhythmus ein. Du kannst wahrnehmen, wie sich deine Atmung verlangsamt und harmonisiert hat.

Richte deine Aufmerksamkeit nun auf deinen Körper und nimm wahr, wie er sich anfühlt. Erlaube deinem Körper, sich mehr und mehr zu entspannen und loszulassen.

Begib dich auf die mentale Ebene, indem du deine Aufmerksamkeit nach innen richtest, und lass deine Gedanken und Sorgen los. Spüre, wie dein Geist sich beruhigt und klar wird. Du sitzt einfach in der Stille. Du richtest deine Aufmerksamkeit voll und ganz auf diesen friedvollen Zustand. Dein Geist leert sich von allen unnützen Dingen. Dein Geist ist frei, klar und möglichst still – du befindest dich jetzt in deinem heiligen Raum. Nimm die Atmosphäre um dich herum wahr und verweile in diesem heiligen Raum der Stille und des Friedens.

In deinem heiligen Raum, in dem das ewige Feuer der Quelle brennt, kannst du deiner wahren Sehnsucht begegnen – der Sehnsucht nach Verbindung, Kooperation, nach Synergien und nach der Potenzierung deiner Energien mit Gleichgesinnten – dieses Gewahrsein führt dich zurück in die Einheit und kann unglaublich kreative Kräfte mit grenzenlosen Möglichkeiten zum Wohle aller freisetzen. Du hast die Möglichkeit als Mitschöpfer unserer Welt und unserer Umgebung, eine Welt mit zu erschaffen, in der wir gerne wohnen. Ein Ort, in dem das Vertrauen und die Lebensfreude zu Hause sind. Ein Ort, in dem sich der Frieden ausbreiten kann.

Es gibt nichts zu tun, einfach nur zu sein. Öffne dich für deine heilige Lebensaufgabe. Genieße den Zustand der Stille so lange, wie es für dich stimmig ist.

Meine Intuition führt mich weiter

Du findest Antworten in dir und Hinweise, was in dir lebendig werden möchte. Deine innere Stimme kann dich gerade in turbulenten Phasen deines Lebens führen. Dich der inneren Stimme zuzuwenden kann dein Leben auf eine positive, stimmige Art verändern. Deine innere Stimme kennt deinen authentischen, wahrhaftigen Weg. Manchmal sind es gerade Krisen oder Zeiten, in denen du deinen bisherigen Weg nicht einfach weitergehen kannst, durch die du plötzlich wieder mit deiner inneren Stimme in Kontakt kommst. Diese Stimme, die deine Klarheit und Ausrichtung wieder weckt …

Wenn du deiner Intuition – deiner inneren Eingebung – vertraust, kannst du den Sinn deines Daseins besser verstehen. Wenn du dir selbst vertraust, deinem Herzen, deinem Geist und dabei offen für das Unbekannte bleibst, erhältst du eine innere Führung, die dich zu deiner Bestimmung führt. Intuition ist eine Erkenntnis, die nicht durch langes Nachdenken oder über deinen analytischen Verstand gewonnen wird, sie ist vielmehr wie ein Geistesblitz, der spontan in deine Gedanken einschlägt. Du lädst deine innere Stimme in dein Leben ein, wenn du zur Ruhe kommst und Stille in dir erfährst. So gibst du ihr Raum, sich dir zu zeigen. Kultiviere Atemübungen, Meditation, Yoga und jede Form von Entspannung. Erinnerst du dich an einen Spaziergang in der Natur, wo du auf einmal eine wichtige Eingebung hattest?

Für mich bedeutet in der Natur sein (besonders im Wald) eine Ausdehnung meines Bewusstseins und gleichzeitig im Einklang mit meiner wahren Natur zu sein. Ich lausche im Grünen oder im Wald meiner inneren Stimme, die mich sicher führt.

Wenn du mit dir in echter Verbindung bist, verbindest du dich automatisch mit einer Quelle der Weisheit, die unendlich ist. So führt dich deine Intuition zum nächsten Schritt und du findest die Antworten in dir. Vertraue darauf, dass du jederzeit und in jeder Situation mit diesem Wissen verbunden bist.

Schulung und Aktivierung der Intuition sind ein wesentlicher Faktor auf dem Weg zu mehr Bewusstsein. Deine innere Führung ist die beste Hilfe, die du anzapfen kannst.

Yoga-Meditation: Stärkung meiner Intuition

Diese Meditation hilft dir, deine Intuition zu entwickeln. Intuition ist, wenn du etwas weißt oder fühlst, ohne es »logisch« erklären zu können. Es stellt die Fähigkeit einer Person dar, deren Potenzial erwacht ist und die ihr Bewusstsein entwickelt hat. Deine Intuition kombiniert mit einem rationalen Gedankenprozess lässt dich auf eine sehr effektive und intelligente Weise wissen, was zu tun ist.

Bewegungsanweisung:

- Sitze im Schneidersitz oder auf einem Stuhl mit beiden Füßen aufgestellt. Forme mit der rechten Hand eine Faust. Der Jupiterfinger (Zeigefinger) ist gestreckt und zeigt nach oben. Der rechte Ellbogen liegt bequem an der Taille. Die linke Hand liegt entspannt im Schoß in Gyan Mudra (Daumen und Zeigefinger berühren sich). Deine Augen sind sanft geschlossen und schauen auf das 3. Auge (Punkt zwischen den Augenbrauen).
- Sitze entspannt und bewegungslos in dieser Meditation. Lass deinen Atem sich vertiefen und sich selbst regulieren. Dies ist eine stille Meditation ohne Mantra oder Affirmation. Sie dauert 1–7 Minuten.

Abschluss der Meditation:

- Atme tief ein, halte den Atem und strecke den rechten Arm so hoch, wie du kannst. Dabei hältst du weiterhin die Faust mit dem nach oben gestreckten Zeigefinger. Atme nach 15–20 Sekunden kraftvoll aus, atme wieder ein, halte den Atem und strecke jede Zelle deines Körpers nach oben.

- Atme nach 15–20 Sekunden wieder kraftvoll aus und entspanne dann. Entspanne dich einige Minuten und schüttle dann abschließend für ein paar Sekunden die Arme über dem Kopf.

Meine Vision der Freude

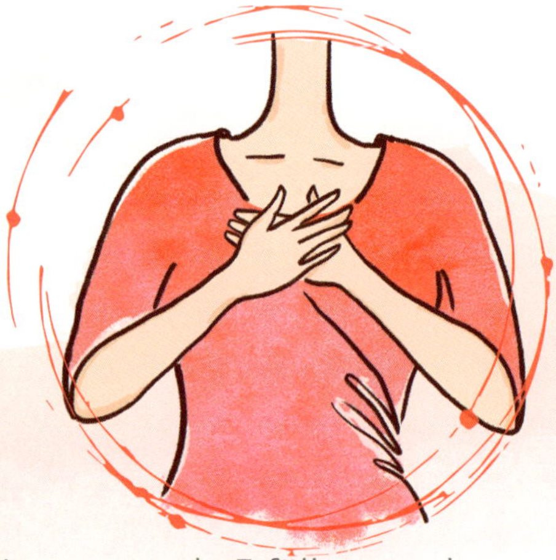

Deine Vision der Freude ist in deinem Herzen, wo du Erfüllung und Fülle findest. Öffne dein Herz und schenke dir ein Leben mit tiefem Bewusstsein!

In deinem Inneren entdeckst du durch bewusstes Fühlen eine spirituelle Energie, die dich mit dem »einen großen Ganzen« im Einklang sein lässt. Für ein menschliches, bewusstes, erfülltes und friedvolles Leben!

» *Deine Vision wird nur klar, wenn du in dein eigenes Herz schaust. Wer nach außen schaut, träumt; wer nach innen schaut, erwacht.* «[11]

Carl Gustav Jung

Welche Vision der Freude wohnt in deinem Herzen, die dich inspiriert und motiviert? Was begeistert dich und weckt deine Lebensgeister? Tritt in Kontakt mit deinem Herzen und lass dein Herz sprechen: Höre auf die Botschaften deines Herzens.

Um auf Visionssuche zu gehen, brauchst du eine Zeit frei von Ablenkungen. Eine Zeit, um vom Alltag abzuschalten und dich mit dir selbst und mit deinem tiefsten Inneren zu konfrontieren und auf dein Herz zu hören. Eine Auszeit, um neue Ideen und Visionen für dein Leben zu finden. Mein Tipp an dich ist, allein in der Natur zu sein, einen für dich ruhigen Ort zu finden oder ein paar Tage im Kloster zu verbringen. Orte, die eine Tiefe zulassen und dir Raum geben, dich selbst zu finden, und deine inneren Impulse zulassen. In dir schlummert etwas, das gelebt werden möchte.

Gib deinen Gedanken und Gefühlen genügend frische Luft. Lebensziele und neue Wege finden dich. Du kannst aufhören zu suchen. Eine asiatische Weisheit besagt: »Deine Bestimmung kannst du nicht finden. Sie findet dich, wenn du bereit bist.« Entscheide dich, deinem Leben eine neue Richtung zu geben, öffne dich und sei bereit und aufmerksam, wie das Leben dich zur rechten Zeit beschenkt. Führe Tagebuch. Beobachte, wie sich deine Vision der Freude entfaltet. Lade deine höchste Zukunftsmöglichkeit in dein Leben ein.

Wenn dein Herzzentrum geöffnet ist, ziehst du Glück in Form von guten Möglichkeiten an. Um deine Vision der Freude und deine außergewöhnlichen Ziele zu erreichen, brauchst du eine bestimmte Mentalität, eine Geisteshaltung, mehr als irgendetwas anderes. Du kannst aufhören zu kämpfen. Ändere deine innere Einstellung und erlange es durch pure Anziehung. Je mehr du dich öffnest, desto mehr kannst du anziehen. Du entwickelst diese Fähigkeit, damit sich eine Tür für gute Möglichkeiten und günstige Gelegenheiten öffnet. Du beginnst mit dem Leben zu fließen und dir fließt alles zu, was du wirklich brauchst. Manchmal auch in anderer Form als erwartet. Erwarte das bestmögliche Geschenk …

Fragen, die dir weiterhelfen

- Welche vagen Ideen gibt es schon für deine Vision der Freude?
- Was ist das Neue, das in dein Leben möchte?
- Welche Veränderungsimpulse tauchen auf, wenn du in alle Richtungen denken und fühlen darfst?
- Stelle dir vor, du hast eine Gelinggarantie. Was würdest du dann tun? Was ist dir besonders wichtig?
- Was für ein Mensch würdest du werden und wie sähe dein Leben im Einklang mit deinem Herzen konkret aus? Wie würdest du dich fühlen? Wie sähen deine Beziehungen zu anderen Menschen aus?
- Welche konkreten Schritte wären nötig dafür, um dieser Mensch zu werden?
- Was möchtest du in den nächsten 4 Wochen konkret tun?

Übung: Wofür schlägt mein Herz?

Fühle dich eingeladen, dich jetzt selbst mit deiner ganzen liebevollen und wertschätzenden Aufmerksamkeit zu beschenken. Du begegnest dir mit einer achtsamen und wohlwollenden Haltung. Dies lässt dich und deinen Körper mehr und mehr entspannen.

Vielleicht magst du einmal versuchen, jedem einzelnen Teil deines Körpers und jeden Winkel deiner Seele mit Liebe zu begegnen. Dass du dir so, wie du jetzt bist, in diesem Augenblick Liebe entgegenbringst. Du verbindest dich mit deinem Körper, deiner Seele, deiner inneren Weisheit – mit der Weisheit in dir, die alle Antworten auf deine Fragen kennt, und mit deinem Herzen, das weiß, was richtig für dich ist …

Dann geh mit deiner Aufmerksamkeit zu deinem Herzbereich. Sei ganz achtsam mit dir und deinem Herzen. Dein Herz ist sehr empfindsam und verletzlich, gleichzeitig ist dein Herz auch stark, weise und klar. Dein Herz ist der Kompass für deinen Lebensweg, denn es weiß immer den besten nächsten Schritt für dich.

Dann schicke deine Frage nach innen in dein Herz und lausche: Was ist meine tiefste Sehnsucht? Alternative: Wofür brennt mein Herz? (Formuliere die Frage, die dich innerlich gerade bewegt und sich nach Antwort sehnt.)

Wofür brennt mein Herz? Was möchte in mir erblühen? Was möchte ich nach außen tragen? Was ist meine tiefe Sehnsucht?

Dann bleibe einfach bei dem, was jetzt da ist, ohne etwas zu wollen oder etwas zu erwarten, mit Geduld und Liebe und dem unerschütterlichen Vertrauen, dass das, was sich zeigt, genau richtig ist zum jetzigen Zeitpunkt. Sitze dabei und sei empfangsbereit, falls dein Herz dir etwas mitteilen möchte. Wenn sich das für dich richtig anfühlt, kannst du ruhig auch ausprobieren, eine Hand auf dein Herz zu legen …

Vielleicht kannst du schauen, ob da ein Wort oder ein Satz kommt, der das Empfinden in deiner Herzgegend für diesen Moment beschreibt. Vielleicht taucht auch ein Bild auf. Vielleicht möchtest du deine Empfindung präzisieren und festhalten: Was daran ist das Wichtigste für dich?

Bleibe noch eine Zeit lang dabei, verankere die Botschaft in dir und koste sie aus. Dann nimm langsam Abschied, auf deine Art und Weise. Bedanke dich einmal innerlich bei dir selbst und bei dem, was sich in dir gezeigt hat. Komme in deinem Tempo langsam mit deiner Aufmerksamkeit zurück in den Raum.

Wenn du weißt, wohin dich deine Sehnsucht zieht, kannst du den ersten Schritt in die richtige Richtung tun. Vor dir öffnet sich ein neuer Weg …

Was ist meine tiefste **Sehnsucht**?
Wofür brennt mein **Herz**? (Formuliere die Frage, die dich innerlich gerade bewegt und sich nach Antwort sehnt.)
Gibt es ein Wort oder Bild, das deine **Empfindung** beschreibt?
Was ist dir an deiner **Empfindung** wichtig?

Notiere

Ich entwickle spielerisch mein Potenzial

Finde das, was dich tief erfüllt und dir Freude macht, was dich zu deinem inneren Kern bringt. Stille die Sehnsucht in dir, deinem wahren Selbst Ausdruck zu verleihen.

Wecke den Künstler in dir! Lasse deine Kreativität ungehemmt fließen. In welcher Form findest du deinen Selbstausdruck? Wie sieht dein persönliches Atelier für Kreativität aus? Ist es Nähen, Töpfern, Basteln, Malen, Singen, Komponieren, Musizieren, Tanzen, Schreiben, Kochen, Gärtnern oder etwas anderes? Probiere dich aus und sei mutig!

Meine Töchter haben Ferien, ich setze mich gerade wieder ans Schreiben. Vorher haben wir gemeinsam Leinwände mit Acrylfarbe bemalt. Mein fertiges Bild zeigt einen Energiewirbel, der mit einem gelben Kreis beginnt (ich nehme wahr, dieser wirkt zentrierend), dann lebendiger wird mit Orange und zu einer nicht aufhaltbaren Kraft wird in Form eines roten Energiewirbels. So fließt meine rote Kraftquelle im Acrylbild kreativ weiter. Mein Inneres flüstert mir den Namen des Bildes zu: »Meine Lebensvision entfaltet sich.«

» Was wäre das Leben, hätten wir nicht den Mut, etwas zu riskieren? « [12]

Vincent van Gogh

Kreativität hat viele Gesichter

Welche kreative Tätigkeit beflügelt dich? Welche Sinne möchtest du aktivieren? Deine Kreativität ist deine Schöpferkraft, die neue Ideen aus deinem Inneren sprudeln lässt. Dein kreativer Geist spielt mit den Dingen, die er mag, und erschafft etwas mit deiner ganz persönlichen Note. Du erfreust dich und andere mit Worten, Musik, Farben oder Formen. Singen kann dein Herz öffnen. Im Chor oder Orchester gemeinsam Musik zu machen ist geteilte Lebensfreude. Vielleicht sehnst du dich danach, ein Instrument zu lernen.

Gartenarbeit und Kochen erden dich stark und holen dich ins Hier und Jetzt. Du verbindest dich mit der Natur und der Schöpfung. Du lässt wachsen und gedeihen, du genießt die Blüte und Schönheit. Diesen Prozess gibt es auch in dir. Es gibt dir eine größere Verbundenheit zu dem Ganzen. Beim Kochen verarbeitest du die Ernte der Natur zu einem köstlichen Mahl, dessen Duft deine Sinne berührt – Seelennahrung pur. Beim Erntedankfest drücken wir unsere Dankbarkeit dafür aus. Wir verbinden uns mit der Fülle im Innen und Außen.

Der kreative Flow

Es geht um die Hingabe an die Kunst und an den Moment. Du wirst eins mit dem, was du tust. Du verlierst dich in Raum und Zeit. Es können größere Kräfte in dir wirken, die dich spielerisch über deine Grenzen hinauswachsen lassen und dich zu deinem wahren Potenzial führen.
Es schlummert noch so viel in dir, das wachgerufen werden will. Wir nutzen nur einen kleinen Teil unseres wahren Potenzials. Also das Leben bietet noch viel zum Entdecken an, oder?!

Lasse dich von Joan Miró inspirieren, der seinen inneren Prozess so beschreibt:

»Ich arbeite mit Leidenschaft, in einem Zustand von Ekstase. Wenn ich ein Bild anfange, gehorche ich einem inneren Impuls, den ich körperlich spüre, ein Bedürfnis, loszulegen. Es ist, wie wenn etwas aus meinem Körper hinausmüsste. Natürlich kann mir ein Bild nicht immer sofort gefallen. In solchen Fällen bin ich nicht feige, ich nehme den Kampf auf.
Es ist ein Kampf zwischen mir und dem, was ich mache. Zwischen mir und der Leinwand, zwischen mir und meinen unguten Gefühlen. Dieser Kampf regt mich auf, lässt mich nicht mehr los. Ich

arbeite dann, bis mein ungutes Gefühl verschwunden ist.«[13]

In der Natur

Ich bewundere den schönen Garten meiner Freundin und Nachbarin Friederike. Ich genieße ihre köstlichen, aparten Marmeladen-Kreationen. Ich staune und bin begeistert. Ihre Worte zu Gartenarbeiten berühren mich zutiefst:

»Gärtnern, das sind für mich Meditation und die Möglichkeit, mich mit der Natur zu verbinden. Die Blätter säuseln im Wind, die Vögel zwitschern und begrüßen den Frühling. Ich habe die Hände voller Erde und die Sonne lacht mir ins Gesicht. Den Alltag lasse ich hinter mir. Ich bin im Hier und Jetzt. Ich lächle und bin dankbar für diese wunderschöne Natur. Mit meinen Händen pflanze ich Frühlingsblumen, an denen ich mich täglich erfreuen werde. Die Kühle der feuchten Erde fühlt sich gut an. Ich beobachte einen Regenwurm, der durch mein Graben an die Oberfläche gelangt. Ich lächle und danke ihm, dass er die Erde fruchtbar macht. In der Natur hat alles seinen Platz und seine Ordnung. Auch ich. Auch ich bin wichtig und wertvoll. In einer Handvoll Erde leben mehr Lebewesen als Menschen auf der Welt. Dies erdet mich und zeigt mir, dass wir Menschen uns und auch unsere Sorgen und Nöte nicht zu wichtig nehmen sollten. Alles ist gut. Aus der Natur, ihrer Ordnung, Ruhe und Schönheit kann ich Tag für Tag neue Kraft schöpfen. Die Kraft der Natur steckt auch in mir. Ich kann mich ihr jederzeit bedienen.«

Ich bin der Regisseur meines Lebens

Ich möchte dich einladen, deine Alltagsgewohnheiten zu verlassen und stattdessen kreativ zu werden und dich in dein Lebensglück zu stürzen. Vergegenwärtige dir, wie du dein Leben ab heute leben willst. Lasse die Grenzen und Beschränkungen für dein Leben los, die du dir (noch) selbst setzt.

Verlasse mutig das alte Terrain, um neues Land und neue Möglichkeiten zu erobern. Was ist dir wirklich wichtig? Wo zieht es dich hin? Wie stellst du dir dein Leben vor? Anstatt Statist in deinem Leben zu sein, entscheide dich, dein eigener Regisseur zu werden.

Übung: Mein glückliches Ich

Stelle dir vor, du gehst ins Kino und siehst eine weiße Leinwand. Der Film heißt »Mein Lebenstraum«. Du bist im Film und spielst die Hauptrolle.

Mein glückliches Ich – mein mögliches Potenzial:

- Vor deinem inneren Auge erscheint eine glückliche Version deines Lebens. Du strahlst Glück, Lebensfreude und Stimmigkeit aus.
- Wie sieht dein innerer Film aus?
- Notiere dir kurz deine glückliche Vision von deinem Leben.
- Verankere und koste das positive Gefühl aus.
- Welche Erkenntnis ziehst du aus dem Film?
- Was hat dich überrascht? Was ist neu?
- Welche Handlungsimpulse spürst du?

Übung: Meine Zukunftscollage

Deine Zukunftscollage wird deine tiefe Sehnsucht abbilden: Lebe deine Kreativität aus und aktiviere deine Visualisierungskräfte mithilfe von Bildern, Symbolen und Stichworten.

Dieses Material brauchst du:

- Ein buntes kartoniertes Blatt/Pappe A3 oder A2 als Hintergrund. Von welcher Farbe fühlst dich intuitiv anzogen? Farben haben Kraft und haben verschiedene Wirkungen auf uns.
- Schere, Klebestift. Alte Zeitschriften, Prospekte, Karten, Fotos.

Fragen, um nach innen zu lauschen:

- Was ist dir wichtig für dein Leben?
- Was möchtest du nicht aus den Augen verlieren?
- Was ist deine tiefste Sehnsucht?
- Was möchte in dir erblühen?
- Welche Lebensbereiche brauchen Aufmerksamkeit/Wachstum?
- Welche Ziele hast du?

Material sammeln: Sammele Zeitschriften aus diversen Bereichen. Lasse dich von innen führen und schneide Bilder, Überschriften, Wortteile, Zitate, Affirmationen usw. aus, mit denen du in Resonanz gehst. Folge deinen Impulsen. Das Material sollte zu deinen Zielen, Träumen, Sehnsüchten und Werten passen. Eigene Fotos oder Postkarten können auch hinzukommen.

Gestalte die Zukunftscollage: Jetzt soll auf dem Blatt das Wesentliche seinen Platz bekommen. Aus dem ausgeschnittenen Material wird eine Vorauswahl getroffen. Es kann nach Themen sortiert werden oder einer eigenen inneren Ordnung entsprechen. Erst einmal wird alles auf die Pappe gelegt. Spielerisch werden die Ausschnitte hin- und hergeschoben, bis es sich für dich stimmig anfühlt.

Passt alles so? Oder möchtest du ein Muster anordnen? Oder die Mitte des Blattes betonen? Gehe gern ein paar Meter weg und betrachte das Kunstwerk … Wenn alles passt, werden die einzelnen Teile festgeklebt! Und dann: staune! Lasse deine Collage auf dich wirken! Hänge sie auf und betrachte sie oft!

SELBST-
LIEBE
Balance
neues
Lebensgefühl
MUT
N
W
O
S
Sehnsucht
Zeit
für MICH
LIEBE
Freude
mehr
Leichtigkeit
Veränderung

Mit Leichtigkeit und Freude Ziele erreichen

Es geht nicht nur darum, dich auf dein Ziel zu fokussieren und kontinuierlich darauf hinzuarbeiten. Du brauchst auch Geduld, um auszuhalten, dass sich nichts erzwingen lässt.

Die folgenden Yoga-Übungen mobilisieren Energie und Ausdauer. Sie können deine Motivation zusätzlich wecken: mit der Aktvierung deiner mentalen Energie »Ich will. Ich kann. Ich werde«. Visualisiere deine Ziele mit allen Sinneskanälen. Genieße die positiven Gefühle wie Lebendigkeit und Lebensfreude.

»Zielen und Loslassen« sind genauso wichtig wie Ziele selbst, es kommt auf die innere Haltung an. Ein Ziel sollte klar formuliert sein, wir brauchen die richtige Einstellung zu unseren Zielen. Geduld ist ein guter Wegbegleiter, um entspannt ans Ziel zu kommen. Denn jeder Erfolg benötigt eine gewisse Zeit, um zu reifen. Am besten ist es, mit heiterer Gelassenheit locker abzuwarten und sich auf den Erfolg zu freuen.

Der Bogenschütze ist mein Leitstern und Logo für meine Selbstständigkeit. Mit dem Bogenschützen wecke ich die spirituelle Kriegerin des Lichts in mir und gehe den Weg des Herzens: Meine Ausrichtung und meine Ziele entsprechen meinen Seelenwünschen, größere Energien und Kräfte leiten dabei meinen Weg. Ich höre auf meine Intuition, meine Seele führt mich und mein Herz wählt den Weg. Ich folge meinem Herz-Kompass.

Viel Freude bei meiner Lieblingsyogaübung!

Yoga-Übung: Der Bogenschütze

Verbinde dich innerlich mit der Energie des Bogenschützen:

- Du kennst dein Ziel.
- Du bereitest dich mental auf den Schuss vor.
- Du kontrollierst die Atmung.
- Du spannst den Bogen und visierst dein Ziel an.
- Und dann lässt du einfach los. Der Pfeil fliegt von ganz allein.
- Das Zauberwort nach dem Zielen heißt also loslassen bzw. geschehen lassen.
- Du ziehst das an, was du brauchst. Habe volles Vertrauen und übe dich im Kultivieren des völligen Loslassens!

Jetzt mache bitte aktiv mit: Mache mit dem rechten Bein einen Ausfallschritt nach vorn und drehe den hinteren linken Fuß im 90-Grad-Winkel dazu. Drehe den Körper zum vorderen Fuß. Stelle deinen rechten Daumen auf, die anderen Finger sind eingerollt, der rechte Arm ist dabei gestreckt. Fixiere mit deinen Augen deinen Daumennagel. Spanne deinen imaginären Bogen und winkele deinen linken Arm auf Schulterhöhe an. Mutig und entschlossen bist du auf dein Ziel fokussiert.

Atme 1–3 Minuten lang tief in dieser Position. Beende die Übung, indem du tief einatmest, deinen Atem kurz hältst und dabei deine Energie in dir bündelst. Dann atme aus, lasse los und senke die Arme ab. Wechsele die Seite und beginne von vorn.

Yoga-Übung: Der Frosch

Mit dieser Übung kannst du deine in Fluss gekommene Energie und deine Lebendigkeit spüren.

- Komme in die Hocke, Gewicht auf den Fußspitzen, die Fersen berühren sich. Die Fingerspitzen sind auf dem Boden aufgestellt.

- Beim Einatmen strecke die Beine, die Fersen bleiben in der Luft, beuge den Kopf nach unten und der Rücken hängt nach unten.

- Beim Ausatmen komme wieder in die Hocke. Mache 10–26 Frösche.

Mentalreise »Bergbesteigung«

Als Mental-Coach nutzte ich im Coaching-Prozess gerne die Kraft der inneren Bilder und verwende hierzu Metaphern und Mentalreisen. Dabei werden innere Ressourcen freigesetzt und der Glaube an die eigene Kraft gestärkt, der regelrecht »Berge versetzen« kann.

Mit der Mentalreise »Bergbesteigung« kannst du über die innere Reise Hindernisse und Blockaden überwinden, um dein Ziel zu erreichen. In der Symbolsprache stehen die Berge für Herausforderungen und die Wege zum Gipfel für die verschiedenen Möglichkeiten, diese Herausforderungen anzugehen.

Wirkung der Mentalreise »Bergbesteigung«:

- schenkt Mut und Zuversicht
- steigert die Ausdauer
- lässt ein Gefühl von Freiheit und Weite entstehen
- unterstützt, den eigenen Weg zu finden und Ziele zu erreichen

Die Reise beginnt

Setz dich bequem hin und atme 3-mal tief aus. Schließe deine Augen und stelle deine Füße hüftbreit auf dem Boden auf. Spüre, wie dein Körper sich tiefer entspannt und loslässt. Während dein Körper immer mehr entspannt, bleibt dein Geist hellwach. So kannst du nach innen gehen, in die Welt deiner Bilder und Gefühle – wo du einen Platz hast, an dem du dich sicher und geborgen fühlst, der jetzt einfach vor deinem geistigen Auge auftaucht. Du kannst jetzt auf eine Reise gehen, in dem Land der Fantasie einen Berg besteigen und ein Ziel erreichen …

Du befindest dich am Fuße des Berges und schaust zu ihm hinauf. Du kannst dir einen Berg vorstellen, den du kennst, oder einen Berg, der spontan vor deinem geistigen Auge entsteht. Lass es einen Berg sein, der dich ganz persönlich anspricht … Bemerke seine Umrisse vor dem blauen Himmel. Sieh den Gipfel und den Fuß des Berges. Sieh seine sanften und seine steilen Abhänge. Nimm die Kraft des Berges auf, seine Unerschütterlichkeit und seine klare Schönheit. Mach dir bewusst, welche Stabilität dieser Berg verkörpert – Würde, Kraft und die Fähigkeit, in der Erde gegründet zu sein und gleichzeitig den Himmel berühren zu können. Dieser

Berg bleibt er selbst, am Tag unter der Sonne und in der Nacht unter dem Mond. Er bleibt ruhig und gelassen, egal welches Wetter oder welche Jahreszeit ist. Der Berg kann dich daran erinnern, dass es bei allen Wechselfällen des Lebens in dir ein ruhiges und starkes inneres Zentrum gibt …

Du spürst in dir eine motivierende Kraft, die dich aufbrechen lässt, eine Reise zum Gipfel zu machen. Sie beginnt im Tal und du kannst all das mitnehmen, was du für deinen Aufstieg brauchst. Dein Ziel ist der Gipfel. Hier im Tal kannst du alle Ressourcen einsammeln, die dich auf deinem Weg zum Gipfel – zu deinem Ziel – unterstützen. Du kannst einen Rucksack mit Verpflegung oder Kleidung und allem, was dir sonst noch einfällt, packen.

Du kannst dich entscheiden, ob du den Berg allein besteigen oder einen vertrauten Führer mitnehmen möchtest. Du kannst dir Rat holen, wo es mögliche Abkürzungen gibt, Rastplätze oder Berghütten, wo du eine Pause einlegen und dich stärken kannst. Mit deiner guten Planung stellst du sicher, dass die Reise zum Gipfel für dich leicht und erfolgreich wird …

Es gibt viele Wege zum Gipfel. Du kannst dich entscheiden, ob du Wege nutzt, die sich bewährt haben – die andere auch schon zum Gipfel gebracht haben – oder ob du neue Wege zum Gipfel finden möchtest. Nimm den Weg zum Gipfel, für den du dich jetzt entschieden hast, und gehe los. Jetzt …

Du spürst Entschlossenheit und die Kraft, dein Ziel zu erreichen … Jeder Schritt und jeder Atemzug bringt dich automatisch deinem Ziel näher – vielleicht wunderst du dich, wie leicht der Aufstieg ist. Du findest dein eigenes Tempo und deine Vorfreude beginnt zu wachsen. Auf deinem Weg zum Ziel fühlst du dich ganz lebendig und eine innere magische Kraft lässt dich immer weitermarschieren. Unterwegs genießt du die Wildblumen und Bergkräuter, die du entdecken kannst. Während du zum Gipfel schaust, kannst du einen Adler beobachten, wie er majestätisch seine Kreise zieht. Während der Adler von der Luft getragen wird, fühlst auch du dich von einer größeren Kraft getragen, die in dir Leichtigkeit und Freiheit auslöst und dich freudig deinen Herzschlag spüren lässt. Der Himmel ist klar und du nimmst ein warmes besonderes Licht wahr. Du spürst deine pulsierende Lebensenergie, die dir auf dem Weg zur Verfügung steht …

Du kannst eine Pause machen und dich umschauen. Wie klein sind das Tal und seine Formen schon geworden, während der Gipfel näher rückt …

Du nimmst deine Wanderung wieder auf mit dem Wissen, dass du ein lohnendes Ziel hast und dass eine wunderschöne Aussicht auf dich wartet. Je höher du kommst, desto frischer und leichter fühlst du dich. Dein Ziel rückt näher und näher. Beim Laufen nimmst du deine Kraft wahr und die frische, reine Luft, die du atmen kannst. Du fühlst dich ganz sicher und geborgen, während du deine letzten Schritte machst und dann feststellst, dass du dein Ziel erreicht hast: diesen Berg zu besteigen. Es ist ein wunderbares Gefühl, das Ziel erreicht zu haben. Du stehst ganz stabil und sicher auf dem Gipfel; während du zum Tal unter dir zurückblickst, wirken alle Probleme und Sorgen so fern wie dieses Tal …

Lass dieses Panorama, diese Aussicht einen Moment auf dich wirken. Du spürst innerlich Freiheit und Leichtigkeit. Atme den Geruch von Weite und Freiheit und Frische, während du weißt: »Ich kann es.«

Nimm dir die Zeit, diese Erlebnisse innerlich vollständig aufzunehmen und alle positiven Erfahrungen in dir ihren Platz finden zu lassen, sodass du dich jederzeit daran erinnern kannst, wenn du es brauchst …

Diese Erfahrung bleibt dir, auch wenn du diesen Ort wieder verlässt. Du verabschiedest dich von diesem Platz und gehst auf dem Weg, auf dem du gekommen bist, zurück zu dem Ort im Tal, an dem du deine Reise begonnen hast. Verabschiede dich auch von dem Ausgangspunkt deiner Reise, dem Ort im Tal, wo alles begann, und komm mit deiner Aufmerksamkeit hierher zurück. Reck und streck dich ein wenig. Atme tief ein und aus, öffne deine Augen und sei wieder hier, erfrischt und vital.

Positiv ausgerichtet bleiben

Die Geschenke des Lebens täglich wahrzunehmen schafft Dankbarkeit und stärkt deine Herzenskraft. Die Kultivierung von Dankbarkeit ist eine Möglichkeit, deinen Zufriedenheitslevel zu erhöhen.

Übe dich, immer wieder den kleinen Dingen im Leben Aufmerksamkeit zu schenken, die gut laufen und dich erfreuen. Mache dir immer wieder bewusst, für welche Situationen oder Menschen du dankbar sein kannst. Sich an Kleinigkeiten zu begeistern schafft Kraft, in schwierigen Situationen noch das Positive zu sehen. Eine gute liebevolle Beziehung zu dir selbst und zu deinem Umfeld schafft positive Energie. Es gibt eine tragende Kraft, die im Miteinander fließt und mehr wird.

» *»Wer innehält, erhält von innen Halt.«*[14]

Laotse

Momente der inneren Einkehr und Stille schaffen eine Anbindung an dich selbst: Du fühlst dich in dir zu Hause. Geborgenheit und innere Stärke geben dir Kraft, den Stürmen oder gar Orkanen des Lebens mit Zuversicht zu begegnen und dir zuzutrauen, damit fertigzuwerden. Zeiten der Instabilität und Erschütterung entwurzeln dich nicht mehr so leicht, es gelingt dir zunehmend, in deiner Mitte zu bleiben.

Schaffe sowohl in deinem inneren Zuhause als auch in deiner Wohnung oder in deinem Haus einen Wohlfühlort. Es ist dein Refugium, wo du in deiner Energie sein kannst und loslassen kannst. Dich dort fallenzulassen schafft Ruhe und neue Kraft.

Yoga-Meditation: Dankbarkeit

- Diese Meditation verhilft dir zu der Offenheit, Gutes im Leben anzunehmen und zu empfangen. Sei im Hier und Jetzt, fühle dich dankbar für alles Angenehme, das dir zufließt. Spüren die Fülle in dir und um dich herum.

- Sitze mit aufrechter Wirbelsäule im Schneidersitz/auf einem Stuhl und forme die Hände vor deinem Herzzentrum wie eine Schale. Stelle dir vor, dass du in dieser Schale göttlichen Segen und andere Kostbarkeiten des Lebens empfängst (z. B. Gesundheit, Wohlstand, Glück, die besten persönlichen Eigenschaften). Werde innerlich ganz ruhig und still, fühle dich als Teil der Schöpfung.

- Deine Augen sind zu Beginn nur zu Schlitzen geöffnet und dürfen während der Meditation langsam zufallen. Mache die Meditation so lange, wie du möchtest.

Meine starke rote Kraft im Alltag

Es ist wichtig, dass du dich immer wieder neu nährst und mit deinen Ressourcen verbindest. Um dir deinen Schwung und deine Kraft zu erhalten, lade deinen Akku immer wieder neu auf. Es braucht deine Aufmerksamkeit und dein aktives

Zeitmanagement. Sonst bleibst du möglicherweise auf der Strecke im hektischen Alltag und wenn das Leben um dich herum chaotisch wird. Lasse es zu einer guten Gewohnheit werden, täglich positive nährende Übungen zu machen. Halte dafür Zeit für dich allein zur Verfügung.

Mache Atempausen während des Tages für mehr Klarheit, Bewusstsein und Kraft. Schließe für einen Moment deine Augen:

- Ich bin bereit für einen neuen Moment. Nährend durchströmt mich mein Atem.
- Ich spüre mich und nehme wahr, was jetzt hier ist.
- Ich atme und gebe dem Atem und meinen Empfindungen Raum. Ich lebe achtsamer und bewusster.

Ich mache mir bewusst, welche **Fülle** in mir und um mich herum ist.
Dies macht mich **dankbar** für:

Notiere

____

____

____

____

____

____

Rote Energie zum Essen

Viele Obst- und Gemüsesorten sind rot und schenken uns ihre Kraft und Energie, wenn wir sie essen. Genau das sollte Essen möglichst bewirken: Seele und Körper nähren und glücklich machen. Basisches Essen (Yogis nennen reines Essen »Sattva-Kost«) vitalisiert dich und ist leicht zu verdauen. Du kannst jeden Tag etwas rote Kraft und rote Nahrung zu dir nehmen: Wassermelone, Himbeeren, Erdbeeren, Preiselbeeren, Rote Johannisbeeren, Gojibeeren, Cranberrys, Granatäpfel, Äpfel, Kirschen, rote Trauben, rote Pflaumen, Hagebutten, Rote Bete, rote Paprika, Tomaten, Chilis, Safran.

Es lohnt sich auf jeden Fall, dass du im Alltag mehr Achtsamkeit in die Zubereitung deiner Mahlzeiten und deine Nahrungsaufnahme legst. Du wirst mit mehr Vitalität, Energie, jugendlicher Ausstrahlung und schöner Haut belohnt.

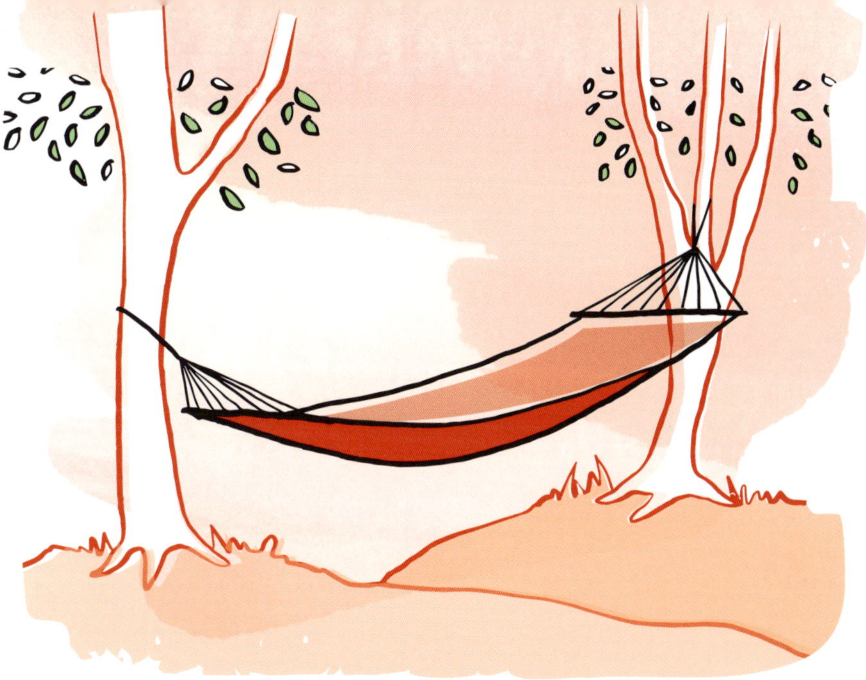

Übung: In meiner Hängematte Kraft sammeln

Einfach mal faul sein und abhängen!

- Kreiere einen guten Ort für dich in deinem Inneren. Es ist dein persönlicher Rückzugsort. Dort kannst du neue Kräfte sammeln und die Seele baumeln lassen. Du gönnst dir eine Auszeit vom Alltag. Dieser Wohlfühlplatz kann eine innere Hängematte sein …

- Vielleicht steigt in dir auch ein anderes Bild eines Wohlfühlortes auf … Es kann ein Platz in der Natur oder ein Urlaubsort sein … Ein Ort, mit dem du besonders positive Gefühle und Erinnerungen verbindest. Finde deinen ganz individuellen Wohlfühlort. Was ist das Besondere an diesem Ort? Wie ist die Stimmung an diesem Ort? Was ist das Beste an ihm?

Mein Wohlfühlplatz ist: ____________________

____

Ich weiß, dass ich jederzeit in Gedanken an diesen Ort reisen kann! Zum Abhängen und Auftanken!

Übung: Die Schatzkiste für Glücksmomente

Mache dir bewusst, bei welcher Tätigkeit du dich entspannen kannst und Glück verspürst. Sei es in der Natur oder mit Freunden. Finde deine persönlichen Glücksstrategien. Werde dir bewusst, dass du es täglich selbst in der Hand hast, Momente zu kreieren, die dich von innen erfüllen.

Denke immer wieder daran, in deinem Kalender Ich-Zeiten einzuplanen – fürs Glück und zum Innehalten. Was deine Aufmerksamkeit und Zeit bekommt, wächst und gedeiht. Du gestaltest dein Leben aktiv und dein innerer Kompass führt dich zu Glück und Lebensfreude. Lasse die Magie der Leichtigkeit in dein Leben! Verinnerliche die Worte: »Alles wird gut.« Dein positiver Samen enthält alle Informationen, um zu gedeihen und zu erblühen. Dein Samen ist dein Glaube und dein Keimling dein Vertrauen und deine Gewissheit.

»Achte auf deine Gedanken,
denn sie werden Worte.
Achte auf deine Worte,
denn sie werden Handlungen.
Achte auf deine Handlungen,
denn sie werden Gewohnheiten.
Achte auf deine Gewohnheiten,
denn sie werden dein Charakter.
Achte auf deinen Charakter,
denn er wird dein Schicksal.« [15]

Aus dem Talmud

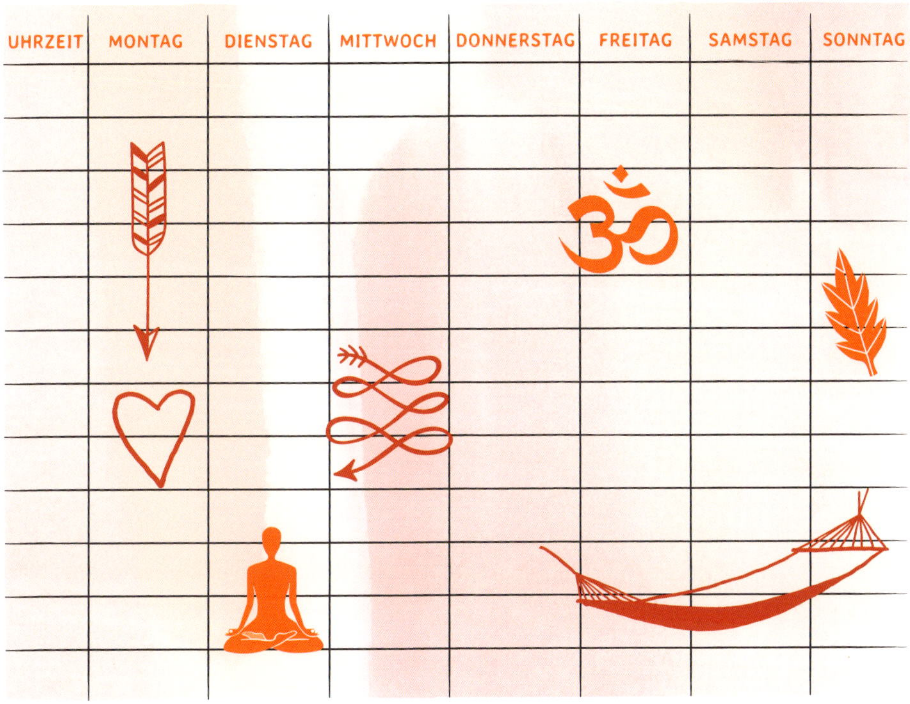

Übung: Ich-Termine im Kalender

Nimm dir Zeit, dir feste Termine pro Woche zu reservieren, an denen du spontan etwas für dich machen oder dich mit Freunden treffen kannst. Das sind deine Glücksoasen im Alltag.

Wenn du das Bedürfnis nach Ruhe hast, dann kannst du zu diesen Zeiten auch ohne schlechtes Gewissen »herumlümmeln«. Du brauchst die Möglichkeit und Freiheit, selbst zu bestimmen, was du gerade in dem Moment brauchst.

Ausklang der gemeinsamen Reise

Das Buch neigt sich dem Ende zu und es ist Zeit, voneinander Abschied zu nehmen. Ich bin überzeugt, dass du es schaffst, Schritt für Schritt in deinem Tempo und auf deine eigene Art und Weise deine innere Pflanze »Kraft und Herzensfeuer« wachsen zu lassen und dabei ganz mit deinem inneren Feuer und deinen roten Kraftquellen verbunden zu bleiben.

Lasse deine magische rote Reise Revue passieren

Nimm dir Zeit, deine Highlights auf deiner Reise zu dir selbst und zu mehr Erfüllung zu reflektieren. Notiere deine gewonnenen Erkenntnisse:

Was war dein wichtiger erster Schritt am Beginn deiner Reise? ____________________

____

Wer oder was hat dich dabei unterstützt, motiviert zu bleiben? ____________________

____

Welche mentalen Strategien hast du entwickelt? ____________________________________

____

Ist es dir gelungen bei Rückschlägen oder Stagnation, liebevoll und fürsorglich mit dir umzugehen? __________________________

____

Für welche Veränderungen, die du bereits geschafft hast, bist du dankbar? __________

____

____

Meine Botschaft an dich:

Behalte dein Strahlen auch in herausfordernden Momenten. Lasse Gelassenheit zu einer wertvollen Kraftquelle werden, die dich zu Souveränität und Klarheit führt. Zeige der Welt dein warmes mitfühlendes Herz und spreche mutig die Wahrheit in warmherziger Klarheit aus. Lass deine Intuition und deine Herzensstimme deine Führer sein! Getragen von einer großen Kraft, die dich zu deinem Herzensweg führt: zu deinem ganz individuellen Weg. Teile dein Licht mit anderen!

Welche besonderen Momente behältst du im Herzen? ______________________________

____

Welche Aha-Erlebnisse möchtest du verinnerlichen? ______________________________

____

Was hat sich in deinem Leben durch deine rote Reise bisher positiv verändert? ______

____

____

Welche Veränderungswünsche hast du noch? Was möchtest du im Blick behalten?

____

____

Wenn du deine spürbaren positiven Veränderungen und deine Lebensfreude darüber mit mir teilen möchtest, freue ich mich, von deinen Erfahrungen zu lesen. Freude vermehrt sich, wenn man sie teilt! Meine E-Mail-Adresse lautet:

hallo@sylviaherwig.de

Folge deinem Herzen und bleibe auf deinem roten magischen Weg, denn er verheißt dir ein bewusstes, verantwortliches, interessantes, intensives und leidenschaftliches Leben. Ein Leben, das dich von innen erfüllt und dein Herz zum Strahlen bringt. Ein Leben, das mit deiner Seele und deiner Persönlichkeit im Einklang steht.

Ich danke dir, dass ich dich eine Zeit lang begleiten durfte, deinen inneren Diamanten freizulegen. Es war mir eine Freude, dich unterstützen zu dürfen, dein inneres Leuchten zu entfalten und dich mit deiner ganzen Kraft und Lebensfreude zu zeigen. Ich wünsche dir viel Freude beim Entzünden von Freude und innerem Feuer in deinem persönlichen Umfeld.

Service

Quellen

1 Meister Eckhart, spätmittelalterlicher Theologe und Philosoph (1260–1328)
2 Jürgen Höller: Sprenge deine Grenzen. Sonderausgabe, Wiley VCH. 2010
3 Friedrich Schiller: Schiller's sämmtliche Werke, Band 1, Ausgabe 1, J.G. Cotta 1834
4 Johannes Wiltschko (Hrsg.): Focusing und Philosophie, Facultas. 2008
5 Brené Brown: Verletzlichkeit macht stark, Goldmann Verlag, 2017
6 Nidiaye Safi: Das Tao des Herzens, Ullstein, 2004
7 Anthony Robbins in: Wenzel, Evelyn: Tschüss Glaubenssätze & wiederkehrende Probleme, tao.de GmbH, 2013
8 Anand Kaur Seitz: Kundalini-Yoga. Harmonie für Körper und Seele durch die Chakra-Energien, Rowohlt. 1999
9 Dougall Fraser: Your life in colour, Hay House Inc. 2017
10 Marie von Ebner-Eschenbach: Aphorismen, Insel Verlag, 1958
11 Bréne Brown: Laufen lernt man nur durch Hinfallen, Kailash. 2016
12 Vincent van Gogh
13 Joan Miró: 1959, Hörführer zur Miró-Ausstellung Burda Museum Baden-Baden, August 2010 (Transkript HJF)
14 Laotse, chinesischer Philosoph (6. Jh. v. Chr.)
15 Aus dem Talmud

Literaturempfehlungen

Bhajan, Yogi: Perlen der Wahrheit, 400 Yoga-Sutras für das Wassermann-Zeitalter, 2019

Carnegie, Dale: Der Erfolg ist in dir, Fischer Verlag, 2003

Dehner, Renate/Dehner Ulrich: Steh dir nicht im Weg! Mentale Blockaden überwinden, Campus Verlag, 2006

Jung, Carl G.: Die Psychologie des Kundalini Yoga, Walter Verlag, 1998

Khalsa, Ardas Kaur (Hrsg.): Self Knowledge, Dt. Ausgabe. Verlagsbüro Sabine Marschner, 1998

Kingston, Karen: Feng Shui gegen das Gerümpel des Alltags. Rowohlt Verlag, 2004

Küstenmacher, Werner Tiki: Simplify your life. Einfacher und glücklicher leben. Campus Verlag, 2001

Nidiaye, Safi: Das Tao des Herzens, Heyne Verlag, 2003

Seitz, Anand Kaur: Kundalini-Yoga, Harmonie für Körper und Seele durch die Chakra-Energie, Rowohlt, 1999

Singh, Satya: Das Kundalini-Yoga-Handbuch, Heyne Verlag, 4. Auflage, 1995.

Wolf, Doris/Merkle, Rolf: Gefühle verstehen, Probleme bewältigen, 20. Auflage, PAL, 2001.

Internetseiten

Kundalini-Yoga-Bücher und -CDs sowie Yoga- und Ayurveda-Produkte erhältst du hier:

www.satnam.de

Kundalini-Yoga-Mantra-Musik erhältst du hier:

www.mantradownload.com

Register

Bibliografische Information der Deutschen Nationalbibliothek
Die Deutsche Nationalbibliothek verzeichnet diese Publikation in der Deutschen Nationalbibliografie; detaillierte bibliografische Daten sind im Internet über http://dnb.d-nb.de abrufbar.

Programmplanung: Celestina Filbrandt
Projektmanagement: Anja Bippus
Redaktion: Anne Beck
Umschlaggestaltung und Layout:
CYCLUS Visuelle Kommunikation, Stuttgart

Bildnachweis
Umschlagillustration und Zeichnung S. 3: Grafikbüro Schaaf, Germersheim
Fotos im Innenteil: S. 2, S. 123 Henri Hencke (privat); S. 6 Katja Berker/Sylvia Herwig
Zeichnungen im Innenteil: Grafikbüro Schaaf, Germersheim

1. Auflage 2020

© 2020 TRIAS Verlag in Georg Thieme Verlag KG
ein Unternehmen der Thieme Gruppe,
Rüdigerstraße 14, 70469 Stuttgart

Printed in Germany

Satz und Repro:
Reemers Publishing Services GmbH, Krefeld
gesetzt in Adobe Indesign CC 2019
Druck: AZ Druck und Datentechnik GmbH, Kempten

Gedruckt auf chlorfrei gebleichtem Papier

ISBN 978-3-432-11004-2

Auch erhältlich als E-Book:
eISBN (ePub) 978-3-432-11005-9

1 2 3 4 5 6

Wichtiger Hinweis: Wie jede Wissenschaft ist die Medizin ständigen Entwicklungen unterworfen. Forschung und klinische Erfahrung erweitern unsere Erkenntnisse. Ganz besonders gilt das für die Behandlung und die medikamentöse Therapie. Bei allen in diesem Werk erwähnten Dosierungen oder Applikationen, bei Rezepten und Übungsanleitungen, bei Empfehlungen und Tipps dürfen Sie darauf vertrauen: Autoren, Herausgeber und Verlag haben große Sorgfalt darauf verwandt, dass diese Angaben dem Wissensstand bei Fertigstellung des Werkes entsprechen. Rezepte werden gekocht und ausprobiert. Übungen und Übungsreihen haben sich in der Praxis erfolgreich bewährt.

Eine Garantie kann jedoch nicht übernommen werden. Eine Haftung des Autors, des Verlags oder seiner Beauftragten für Personen-, Sach- oder Vermögensschäden ist ausgeschlossen.

Geschützte Warennamen (Warenzeichen®) werden nicht besonders kenntlich gemacht. Aus dem Fehlen eines solchen Hinweises kann also nicht geschlossen werden, dass es sich um einen freien Warennamen handelt.

Das Werk, einschließlich aller seiner Teile, ist urheberrechtlich geschützt. Jede Verwertung außerhalb der engen Grenzen des Urheberrechtsgesetzes ist ohne Zustimmung des Verlags unzulässig und strafbar. Das gilt insbesondere für Vervielfältigungen, Übersetzungen, Mikroverfilmungen und die Einspeicherung und Verarbeitung in elektronischen Systemen.

Datenschutz
Wo datenschutzrechtlich erforderlich, wurden die Namen und weitere Daten von Personen redaktionell verändert (Tarnnamen). Dies ist grundsätzlich der Fall bei Patienten, ihren Angehörigen und Freunden, z. T. auch bei weiteren Personen, die z. B. in die Behandlung von Patienten eingebunden sind.

Liebe Leserin, lieber Leser,

hat Ihnen dieses Buch weitergeholfen? Für Anregungen, Kritik, aber auch für Lob sind wir offen. So können wir in Zukunft noch besser auf Ihre Wünsche eingehen. Schreiben Sie uns, denn Ihre Meinung zählt!

Ihr TRIAS Verlag

Kontakt:
kundenservice.thieme.de

Lektorat TRIAS Verlag
Postfach 30 05 04
70445 Stuttgart

Abonnieren Sie unsere Newsletter:
www.trias-verlag.de/newsletter

Besuchen Sie uns auf facebook
www.facebook.com/trias.tut.mir.gut

Besuchen Sie uns auf facebook
www.facebook.com/mama.mag.trias

Folgen Sie uns auf Instagram
www.instagram.com/trias_verlag

Lassen Sie sich inspirieren
www.pinterest.com/triasverlag

Foto: Ina Zabel / TRIAS

Seien Sie einfach **gut zu sich**

Was jede Frau wirklich wissen sollte

Bestsellerautorin Dr. Libby Weaver zeigt Ihnen, wie Sie sich rundherum vital, gesund und schön fühlen. Vertrauen Sie auf die Weisheit Ihres Körpers und finden Sie Ihre emotionale Balance.

Dr. Libby Weaver
Energiegeladen statt dauermüde
€ 16,99 [D] / € 17,50 [A]
ISBN 978-3-432-10430-0

Dr. Libby Weaver
Wunderbar weiblich
€ 19,99 [D] / € 20,60 [A]
ISBN 978-3-432-10518-5

Dr. Libby Weaver
Das Rushing Woman Syndrom
€ 19,99 [D] / € 20,60 [A]
ISBN 978-3-432-10433-1

Alle Titel auch als E-Book

TRIAS

Bequem bestellen über
www.trias-verlag.de
versandkostenfrei
innerhalb Deutschlands